陸生在臺的
認同衝擊

臺灣不是我的家

胡俊鋒 著

是否有一天，當他們問我們的故事，
我們可以說，
我們沒有推卸責任，不負歷史的託付？

代序

不得其所：身份錯置

> 鞋子本身並不髒，但把它們放在餐桌上就變髒了；食物本身不髒，但將炊具留置在臥房，或者事物濺汙在衣服上，就變髒了，同樣情形有客廳裡的衛浴設備；放在椅子上的衣服。
>
> ——道格拉斯，《純淨和危險》

　　許多日常生活中的事物，都有著它們相對應的規則與秩序，鞋子可以安置在鞋櫃上，卻不得放在餐桌上。我們被告知，一切事物都有恰切的安置之所，安身之處，這裡本身就暗示了經過歷史和經驗的層累下來，潛移默化在社會中的一系列行為規範，當某件事或者人不再安守在它本該在的地方時，他們就有所「逾越」（transgression）。人類學家道格拉斯指出，通常當人群、事務和言行舉止離開了社會預先存在的分類系統，被視為「不得其所」時，會被形容為污染與骯髒。當這種社會預先存在的分類系統越頑固，這些不得其所之物越會遭到既有秩序得益者的惱怒與排斥，本書的主角就是這麼一群不得其所的逾越者

（transgressor）──陸生。逾越就是指「越界」，它與「偏差」不同，逾越的這條界線在本書裡是一條政治與文化的界線，現代與傳統的界線，國家與天下的界線，他們遊走在邊界的兩邊，不受固定規範的束縛。逾越者的逾越行為可能是蓄意而為，也有可能不是，但重要的是，在邊界兩邊遵從既有秩序的人，視這群不安分的干擾人為逾越者。

「來臺灣唸書，是我做過最有勇氣的一個選擇。」

當我在訪談一位來臺已滿一年的陸生的時候，他如此說。

當時的我，心裡為之一驚，這不正喊出了眾多陸生的心聲。

勇氣，沒錯，回首當初選擇來臺灣唸書，父母的擔憂，朋友的懷疑，自己的質問，最後跌跌撞撞，還是抱著滿腔的熱血來到這裡，要不是那份尋求改變的勇氣，我想我也不會站在這個美麗的島嶼上。

短短的海峽，橫跨在臺灣與大陸之間，它不僅阻隔了一個島嶼與大陸，更因著歷史的陰錯陽差，阻隔了彼此的交流與瞭解。身居兩岸的我們都天真地以為，彼岸的他們仍舊是上個世紀的模樣，殊不知，早已物是人非。

陸生帶著想像的臺灣圖景而來，也在飛機著地的那一刻開始破碎；隨著時日加長，陸生在努力融入臺灣社會的過程中，懷疑、質問、重釋，一步步，一點點，重新編織起那張屬於自己的臺灣夢。

第一個半年，我面對臺灣的那種熟悉又陌生的感覺，用筆桿記下自己經驗到的兩岸差異，收錄在《台灣，你可以更讚》一書中。而今，邁入了在臺的第三年，兩年的時間不算太長，但足以改變一個人，這本書寫的就是包括我在內的陸生在臺灣的改變。

　　這本書，是三個關於陸生的研究，前前後後歷時近一年的時間，兩百多位陸生參與其中。為什麼要進行這項吃力不討好的研究呢？我想，最大的原因莫過於我的疑惑。

　　2011 年，我成為了臺灣第一批「陸生」，在臺就學，在開始的半年時間內，現實的臺灣深刻地衝擊著我的臺灣想像。成為陸生，在想像的寶島上求學，是令人振奮與期待的，然而現實的臺灣圖景衝撞卻又使人焦灼，感到失落。剛來到的時候，我碰上了女子排球世界錦標賽在臺大體育館舉行，我興致勃勃地與所有陸生一道，每逢中國隊的比賽都舉著五星紅旗到現場搖旗吶喊，唯獨中國隊與中華臺北隊的場次無一陸生前去。在舉著五星紅旗招搖吶喊的時候，我清楚地知道，在自己內心翻騰的是熾熱的國族情感，這與從小接受的兩岸為同一中國的國族教育是不一致的；而在迴避大陸與臺灣代表隊賽事的行為裡，又何嘗不是在進行自我審查，警告著自己，凡事放到兩岸的架構下，它就不再是它原本的，它更多了一道政治的光圈。

　　臺灣，於我而言，是「家」還是「國」？

　　「同為華人，可能兩百年前，我們的祖先在某個港口擦身而過，今時今日，同在一個屋簷下的我們卻無法溝通，更走不進彼此的內心，因為生活細節、社會事件到國族認同，全球化的時代，我們卻自活成了一個孤島，無論線上線下」，我的一個陸生摯友在臺灣的第三年，如此地訴說著她的內心。

　　陸生的臺灣經驗讓他們經驗到「陸生」標籤的複雜性，也給陸生帶來「五味雜陳」的「中國」思考。抱持著都是「一家人」情愫的陸生，初來乍到，迎面而來的是現實臺灣的好與壞，因著

學習生活的需要，時間加長，陸生選擇融入臺灣社會，卻迎面受到兩岸政治局勢的挑戰，不僅是一直視為祖國的大陸，甚至被嚮往為民主自由聖土的臺灣社會，都對其忠誠性產生了質疑。「我是誰」以及「中國應該如何界定」成為了陸生反思的議題。臺灣社會對陸生偏見、誤解等劃界區隔待遇，在面對臺灣人的時候，「中國」作為他們與生俱來的背景色，被貼上「陸生」的身份標籤後的他們不得不重新思考自身的身份問題，直面自己在臺灣社會遭受到的境遇。

在文化上，陸生一直把臺灣視為一個同樣具有「中國」原鄉的群體，或是一個處於地緣「中國」之外的具有血緣關係的使用同一符號語言的群體；然而在政治上，文化與血緣都被消解在認同中，「陸生」作為臺灣社會給予的特定身份名稱，就已經反映出臺灣社會對於這一特殊群體的劃界。在這一標籤下，期待與偏見並存。不過，有趣的是，陸生在融入臺灣社會的過程中，一直不願放棄以「家」的情感來理解臺灣，而非以「國」的差別詮釋臺灣。

陸生所經歷和面臨的這些問題，僅僅就只存在於兩岸之間嗎？

當把眼光放眼全球，不難發現，歷史是如此喜歡愛作弄人，不僅僅陸生，早從清末民初開始，那些漂泊在外的海外華人也同樣遭遇到一樣的處境。當我們把陸生的議題納入全球化下的華人流動脈絡下進行思考，重新審視「何為中國」以及「誰是中國人」的問題，即有關國家疆界、華人文化與身份認同的議題，是對「中國」的國家與文化意涵進行區辨無可迴避的部分。

有趣的是，過去關於海外華人的社會科學研究發現：對海外華人而言，因與生俱來所背負的社會、歷史、文化脈絡背景，無

法將「中國」視為一個完全外在於自身的對象，但同時他們也無法如同未跨境到海外的中國大陸人一樣，以自家人的身份去述說「中國」，簡而言之，在界定自身與中國的關係的時候，「華人」與「中國人」的連結一直都存在著，但也模糊。這一點上，陸生跟海外華人一樣，都希望能夠找到一個恰切的身份概念來定義自己，卻始終難以實現。不論走在哪裡，我們都能夠深刻感受到「中國人」的存在：當我們開始選擇向當地社會融入、釋出其誠意時，往往會因為其「中國」身份備受質疑。當陸生站在臺灣這片土地上的時候，其尷尬的身份位置使得他們不得不思考自己的身份問題；這與那些匆匆過客的中國遊客非常不同，對於他們而言，並不存在這方面的困擾，「中國人」的身份是無可置疑的，正如那些移居在海外的華人在未離開母國之前一樣，並不存在身份上的困擾，但是跨境離開母國之後，如何在國界模糊或之外的地區保有舊有的身份認同，則會受到挑戰。

　　從橫向來看，陸生在臺灣所遭遇的身份認同的議題，對於重新思考兩岸關係及其「中國」概念頗有助益。大陸幅員遼闊，所包含的族群各異，在歷史、文化、社會等層面都有極大的差異，如何在這種多族群多元文化的社會中進行名為「中國」的統一化安穩治理，是考驗著政府當局的大問題。臺灣問題與大陸的西藏問題、新疆問題具有一些共同之處，當人們所接受的認同教育與現實的文化族群意識存在落差甚至衝突之時，社會的各種情緒、衝突便會滋生。因此，本書借陸生議題的點，希望敲出一個面，藉由重新思考陸生在兩岸關係之中經歷的認同考驗，直面當今社會中的多元議題帶給我們生活最直接的挑戰。

很多時候，我不斷地追問自己，在臺灣所經歷的這些認同衝擊、認同思考乃至認同重設，破舊立新，這一過程是相當不容易的，焦慮、掙扎、恐慌、矛盾，各種不安的情緒張力往往把人逼得無處可逃，這是圖啥呢？

我很珍視這種先苦後甜的感覺，甚至常常在追尋。每一次的衝擊和反思，都不斷地讓自己看到身上習慣了的「自以為是」，有時候我感覺自己被大國思維寵壞了，覺得自己真是根蔥真是根蒜，我這麼想這麼理解的，別人亦是如此，少了一份從容的觀望，缺了一份悉心的傾聽，丟了一份真誠的尊重。我不喜歡旅行，因為匆忙的遊客總是忽略了太多與那塊土地的情感連接，所以我喜歡長久地在一個地方，這也是當初我選擇來臺灣的原因，這份苦，真可是自找的。

曾與中央研究院民族學研究所的蔣斌老師把酒相談，席間他也提到這種陸生在臺灣所遇到的認同衝擊的議題，我很是讚同他的想法，他說，為什麼陸生來到臺灣會有這種認同衝擊呢？難道臺灣學生到大陸就不會有同樣的衝擊？從一個方面來講，正是兩岸關係隔閡所致，這種衝擊從短期來講，可能會讓個人不適，也可能遭到社會的一些負評，但是從長遠來講，這是正視兩岸不同社會文化的開始，落差帶來重新的思考，帶來多元的尊重，這將造福於未來的兩岸關係發展。

伴隨著自身經驗上的很多疑問，我的指導教授黃光國博士以韋伯（M. Weber）之語勉勵我，對於一個研究者而言，他必須明白哪些事情是對自己而言是最為重要的，研究的意涵就在於研究

者以其整個生命找出對其重要問題的解答。身為陸生，這一臺灣社會之邊緣群體的這番感受，於我而言正是有價值的議題。

胡俊鋒
誌於臺大心理學研究所

目　次

Chapter 1

兩岸格局下的陸生

一個不經意的選擇，輕輕的，
我們觸動了歷史的卷角；

是歷史選擇我們，
亦是我們創造了歷史？

2011 年，臺灣首次採認大陸學歷並開放大陸地區學生赴臺攻讀學位課程，這對於兩岸而言是一件非常不易的事情，其背後自然有著諸多的考量、謀劃以及妥協，從兩岸政府對這一事件的限制便可管中窺豹。

北京政府為開放陸生赴台就學做了地域的限制的註腳，有條件開放六省市公民前往臺灣求學，這一做法與大陸當初開放公民赴港澳求學如出一轍；臺北政府則為陸生來台就學做了不同的註腳——「三限六不」，三限為「限校、限量及限域」，六不為「不加分、不影響招生名額、不提供獎助學金、不允許校外打工、不可考照、不可續留台灣就業。」

在大陸，臺灣的議題即使說不上是特別重要的議題，但也是必不可少。臺灣大學開放招收大陸學生的公告，只是散見於少數幾間媒體的兩岸欄目和電臺報告中，直到陸生來台的第三年，媒體輿論也不曾願意在此議題上著墨更多。

當然，我個人以為，這與大陸對於兩岸關係的定位及其所營造的氛圍有著割不斷的關係。兩岸的議題不能不談，可也不得多談，言多必失，更何況在兩岸的議題上能夠被北京政府當局所允許的範圍本身就非常有限；於大眾而言，臺灣事務是不痛不癢的家事，然而這是一樁奇怪的「家事」，「家事」一詞是從情感上的刻板認同而言，在理性上的感知則是遙不可及的「家事」。這種不等距的現象在大陸的民眾心理上司空見慣，最典型的當數民眾對於兩岸距離的感知上：廣州到臺灣的距離，在實際空間上而言，遠遠小於從廣州到北京的距離，然而在認知上而言，卻遠遠大於到北京的距離。在這本書中，讀者朋友也一樣能夠在陸生生活中

看到這種現象的存在。然而，我在這裡需要強調的是，對於臺灣大學開放大陸學生來臺求學以及採認大陸學歷這件事情上，大陸的冷淡無感與在臺灣社會所遭遇的熱議形成了鮮明的比照。

在臺灣，因為特殊的兩岸關係，「陸生來臺」的議題變得複雜，它不單純被認為是學生異地求學的事件，更被認為是一件涉及兩岸關係的政治事件。在臺灣社會，「陸生來臺」政策的提出到推行歷時近十年，一直都是敏感的議題，自 1997 年開始，時任教育部長的吳京因提出並積極推動該政策而下臺，接續繼任者均不敢再觸碰此議題（吳京 & 楊蕙菁，1999），直至 2008 年二次政黨輪替後，為貫徹馬英九關於教育政策的承諾，時任教育部長的鄭瑞城重啟陸生來臺議題，並開始積極著手推動相關政策的規劃。

對於臺灣社會而言，「陸生來臺」議題的政治性遠勝於其他，關於陸生來臺議題的研究，已經公開發表的期刊論文 8 篇，碩士論文 25 篇，主要集中在政策制定以及教育落實的評鑒上。受制於兩岸政局的主權曖昧與意識形態糾紛中，這些研究都試著回答一個在兩岸交往過程中始終存在的一個兩岸間「誰影響誰」的政治問題，卻忽略了作為學生的人的主體性存在。

在西方哲學史上，人是被賦予具有實踐與以價值為目的的主體性，但是作為人的主體性往往會被外在的政治與意識形態所模糊，乃至被「異化」（Althusser, 2003），把人作為外在的「物」自身（政治與意識形態）的工具（Durkheim, 1982），而忽略了人作為實踐與價值主體的「人」自身的出發點。因此，木書將從「我」或「我群」的關係去探討主體性的意義（我是誰？我們是誰？）；在探討外在主體性上，重視相互主體性、他者的重要

性，去思考我與他者如何共容、我如何公平對待他者（吳豐維，2007）。落入在心理學研究當中，這兩種價值取向的主體性，指向的正是把人本身放回到關係的脈絡中。

1.1 跨文化下的陸生

文化是一個寬泛的概念，可能無法一一羅列出文化所包含的內容，但是我們卻可以講得明白哪些東西屬於文化的範疇，而文化作為一個概念的運用，則要看我們如何在特定的脈絡下去框定。從大陸淪陷後開始，臺灣和大陸的社會開始了兩種不同的發展模式和路線，雖然都在華人傳統的文化外表下，但是這一路走來，兩邊都不斷地在歷史中進行整合和傳承，形成了兩岸社會各自獨特的樣貌。從這一點而論，陸生從大陸到臺灣的兩個社會跨越，自然可以放在跨文化的視角下做進一步的討論。

跨文化的研究在全球化的今日方興未艾，這是強調無邊界的全球化與注重在地的本土化之間不斷博弈的展演。在隨著技術的發展，跨越邊界的交往越來越容易，然而「一方水土養一方人」，人們在跨越邊界的過程中，也同時會遭受自身所帶的原生文化與他者文化之間的衝突和調適。

跨文化交往在令人嚮往的同時，它也會帶來挑戰。Ward 的研究團隊在 1996 年發現，在跨文化交往的過程中，不同文化間的溝通往往會成為生活的主要壓力來源，跨文化間發生的適應問題會影響心理與情緒上的健康。能否順利適應新環境，在內在心理層面，與個人特質（Gmelch, 1997）、成就能力（Parker & McEvoy,

1993; Tanaka, Takai, Kohyama, & Fujihara, 1994）、生活變更、因應方式以及所能獲得的社會支持有關（Berno & Ward, 1998; Searle & Ward, 1990）；在社會－文化適應上，當把社會技能與文化的習得過程考慮進來，相關研究也發現跨文化的適應與個人所認知到的原生文化與他者文化之間的文化距離（Brislin, 1981; Deshpande & Viswesvaran, 1992; Gannon & Poon, 1997）、文化適應策略（Furnham & Bochner, 1986）、溝通和認同（Berry, 2005; Berry & Annis, 1974; Zheng & Berry, 1991）有關。陸生在臺的適應過程雖然還沒有相關學者進行過縱時性的研究，但是從來臺陸生的生活紀實作品中可以窺見。

> 來臺兩個月有餘，漸漸習慣了臺灣的生活，初到時的那種
> 強烈的陌生又親切的出國感，漸漸被日常的瑣碎沖淡。繁
> 體字的直行書已經看得很舒服，雖然有些字因為筆劃多於
> 三十怎麼都不會寫。（蔡博藝，2012）

他們的適應過程整體上與他國學生並無二致，均會有一個「U 型曲線」的適應過程，都是會經歷異域社會的新奇、樂觀的探索後，掉入與宗主國文化衝突與磨合的低谷，然後再重新回升至適應的水準（Lysgaard; as cited in Ward, Okura, Kennedy, & Kojima, 1998），這不僅表現在行為態度、社會互動模式（Sewell & Davidson, 1961），也表現在對宗主國文化想像的偏好（Coelho, 1958）和歷時性的學習適應（Scott, 2012）。

來臺陸生的適應過程具有普同性的同時，也藏存著它的獨特性。臺灣與大陸的文化與歷史，雖然同屬中華文化的一部份，但

是在兩岸近六十餘年的分治中，有一半的時間是在內戰的敵我關係中度過，另一半的時間雖在有限開放的交流中度過，深受不同意識形態和制度的影響，使得兩岸雖然同根同源，卻形如異國，兩岸之間在文化與政治上出現二元的分裂，兩岸學生在跨域求學的適應過程中也必然遭受到這種文化與政治二元分裂的影響，但是在兩岸研究中鮮有人真正關注到該現象。

臺灣社會學者藍佩嘉與其研究生吳伊凡（2011）是比較早開始研究在兩岸特殊關係下跨域學生的獨特適應歷程，他們通過 61 份的深入訪談資料，發現：在這種文化與政治分裂的脈絡下，臺灣與中國、想像的中國與現實的中國、「祖國」與「外國」之間交織而成的論述網絡及其曖昧的主體位置，會深刻影響到赴陸就學臺生的日常互動與生活實作，不斷地調適「自我認同」與「社會認同」的張力關係，進而指認我群與他群的差異，模糊或強化我群與當地人的界限。研究中通過使用座標圖工具的方法分析這種異質經驗，發現隨著需求目的的不同，臺生會與當地人保持不同的或近或遠的關係。

1.2 陸生的問題：我是誰

人生活在世界中，除了自身對自我的肯定之外，不可避免的是在生活的社會裡找尋到自己的安身之所，即作為個人從社會中所獲取的認同，簡而言之是「我是誰」的問題。Giddens（1993）認為作為主體的自我，具有兩種重要的能力，即反身性（reflexivity）與能知性（knowledgeablitiy）。反身性是指作為主

體的人能夠明晰其為何行動，這種能力會使個人產生自我的雙元性（duality of self），自我會整合自身的行為形塑出對「我」這個概念的認識與定位，即「自我認同感」（sense of self-identity），同時也會與世界中的他者產生連結獲致一種來自社會對「我」的認可，即「社會認同感」（sense of social identity）。能知性是指人會依其所習得的各種知識整合成個人的知識庫。但是人並不會對自己的每一項行動都進行反思，他會形成一種類似於基模（schema）的「慣習」（habitus），以默會的方式身體化某種實作的技巧或知識（Bourdieu, 1990），只有當個體對自我的認識與所處社會賦予的社會角色不相一致，「自我認同感」與「社會認同感」不相契合時，個體才會發揮其反身性的能力，重新動用個人知識庫來進行反思，並解決困難（黃光國, 2011）。

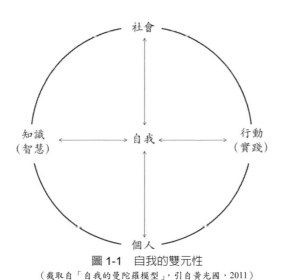

圖 1-1　自我的雙元性

（截取自「自我的曼陀羅模型」，引自黃光國，2011）

　　如圖 1-1 中的橫向雙箭頭分別指向「行動」和「知識」，自我處於一種力場（field of forces）之中，既有的知識會影響自我做出的行動，同時當自我在行動中遇到問題時則會重新搜尋既有的知識，設法解決面臨的問題；圍繞著自我縱向延伸出去的是「個人」和「社會」，在個體與社會的群體互動的過程中，個體都不斷地在尋求所處社會給予的角色位置，社會群體也會通過特定的標準給予個體不同的身份定義，進而形成兼具有個人與社會要素的「自我認知均衡」（Self-Homeostasis）。保持均衡的狀態是一個動態的過程，它會隨著情境的轉變而改變，當個體追問「我」為何時，它可以是「學生」，可以是「女兒」，可以是「朋友」，一個個體身上可以同時兼有多重的身份，而在社會的關係網絡中，「我」可以是「臺灣大學的學生」，可以是「父親的女兒」，可以是「張三的朋友」，一個個體身上的多重社會角色關係可以共存，這種「自我認知均衡」的維持則有賴於「知識」和「行動」，它們的功能在均衡狀態被打破時最能得到體現，當作為一個被收養長大的「我」要重新接受親生父親的過程中，在「我是張三的女兒」與「我是李四的女兒」的兩個互斥身份裡做轉換的過程中，「我」的重新界定就必然需要動用到已有的知識乃至為人處世的智慧，而且在選擇的過程中，「我」用行動和實踐參與到與社會的互動中，尋求在社會能夠應允的範圍內選擇，以達到新的平衡。

　　首屆陸生來臺之後，「自我」受到衝擊和挑戰，首當其衝的就是「自我認同感」與「社會認同感」的重新審視。過去在大陸接受的數十年教育知識不能一如既往地為其「自我認同感」提供基礎，臺灣社會對陸生「大家都是中國人」的認同不會照單全收，

而是不同的聲音給出了不同的回應，因此，在臺灣社會的陸生的「自我認同感」與「社會認同感」無法相一致，也就意味著他們需要重新調適。由於大陸政府近六十餘年的「臺灣是中國神聖不可分割的一部份」的黨國教育與陸生的「臺灣情節」，在這一群初來乍到的陸生眼中，每個陸生都能夠在臺灣找到他們熟悉的那種感覺，這往往會讓陸生們直接與心裡的「故鄉情」相連接，進而強化「自我認同感」，但是當他們面對深受「臺灣意識」影響的統獨二分的臺灣社會時，感受到的是來自臺灣社會、政府政策的另類對待，被賦予了有別於「外籍生」、「僑生」之後的「陸生」標籤，「自我認同感」與所處的「社會認同感」產生了衝突，進而需要重新追問「我是誰」以及「我與他者關係如何」（胡俊鋒，2012; 黃重豪, 賈士麟, 藺桃, & 葉家興, 2013; 蔡博藝, 2012）。

　　因此，本書立基於兩岸特殊的歷史時空下，通過對具有跨境經歷的陸生進行研究，探討陸生在調適「自我認同」與「社會認同」的關係中是如何被兩岸的社會－文化脈絡深刻影響，如何在我群與他群的關係指認和關係取向上作調適。

Chapter 2

國家疆域、華人文化與認同

當我們踏出去的每一步，
我們都不曾孤單。

因為，每一步承載著歷史，
也創造著歷史。

不論是赴陸臺生還是來臺陸生，這兩個特殊的學生群體的生活適應過程，都深受到近六十餘年的歷史與社會文化脈絡的影響。這個脈絡的研究在學術界已經爭執了很久，一直沒有定論。在這個脈絡的研究中，被反復質問與思考的是，「何謂中國」與「誰是中國人」，即有關於國家疆域、華人文化與認同的議題。

2.1 「中國人」與「華人」：近四十年的概念分裂

社會科學領域對於海外華人的研究最早始於英國倫敦政治經濟學院，從 1940 年代起，在費孝通之後，許烺光、田汝康等學者都到倫敦政經學院留學，他們及其弟子都在東南亞各國以及美國研究海外華人（葉春榮, 1993）。中國從 1840 年開始淪為半殖民地，東南沿海的居民相續移居海外，東南亞各國以及美國舊金山等地，並且在各地經商、結社、深耕，使得這群人成為了各國社會科學領域研究的主要對象。在冷戰開始前，海外華人（oversea Chinese）的概念並沒有受到質疑，清楚地指從中國出境移民在外的人群，但是隨著這群海外華人在各移居國完成在地化過程，恰逢冷戰意識形態分割與鬥爭，是否具有中國國籍以及具有哪個「中國」母國，都是涉及切身利益的事情，因此這時海外華人的概念不再適用，社會科學學者開始從海外華人概念延伸出「華人」、「華僑」、「華裔」等概念試圖解決生活世界的身份問題（Wu, 1991），oversea Chinese、Chinese overseas、ethic Chinese 開始有了不同的意涵，oversea Chinese 的意涵等同於華僑，指在海外具有中國國籍的人群，但是考慮到國家身份以及政治忠誠的重

要性，人們開始用其他的身份概念進行代表，尤其是馬來西亞以及新加坡華人開始使用 ethnic Chinese 或者 Chinese descent，這兩者的意涵都相同於英文表達中的 huayi，Chinese overseas 則相當於華人的概念，總括了所有在中國以外的地方的人群（Suryadinata, 1997）。

　　進入二十世紀八十年代，中華民國失去聯合國代表中國合法權之後的臺灣、香港、新加坡及澳門在經濟上突飛猛進，這時身份的議題再次浮現，香港、澳門以及臺灣的人們屬不屬於華人的範疇？受限於歷史因素，港澳對於中華人民共和國政府和英葡兩國而言均屬國內，臺灣在中國內還是外的區分則更為模糊；在經濟上由於港澳臺的崛起，使得三地有必要與大陸做一個區隔，但是由於大陸南方與港澳臺在宗親、經貿的緊密關係，導致身份的表達出現了尷尬的局面；Great China 和 Cultural China 這兩個概念被人重新提起，王賡武（1993）認為：Great China 的概念是一個可以包容二戰之後形成的兩岸四地特殊格局的概念，Cultural China 則是杜維明在同一時期提出來的概念，他認為文化是掩蓋經濟以及政治分裂性的團結全球華人的一個面向。在 1994 年 12 月舉行的 The Last Half Century of Chinese Overseas Conference 上，西方學者則不同於華人學者，都開始使用流散者（diaspora）和旅居者（sojourn）來替代複雜的華人身份（Li, 1999）。Diaspora 最初來自於猶太人的用語，意指四處流散的群體，歐美學者現習慣使用該詞來指涉散佈世界各地而相對獨立生存發展的華人群體，然而部份華人學者對此提出異議，因為猶太人的特殊經驗之一是他們二千多年來沒有祖國的概念，因此散居各地沒有祖國只有想

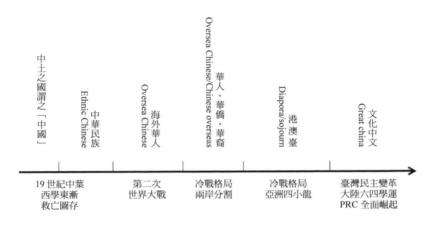

圖 2-1　近四十年海外華人身份的流變概覽

像的「中心」是猶太歷史經驗的常態，這與華人的狀況有著根本的不同（杜維明，1999）。

　　華人身份近四十年的流變，反映了移居海外的中國人在尋找身份認同上的困境。在歐美知識社群中，他們使用 Diaspora / Sojourn 的概念來指涉華人族群身份，反映了在身份上「中國」對其而言是十分清晰的「外國」，而與中國具有血緣連結的華裔離群所處的社會、歷史、文化脈絡背景顯然大不相同；對於華人自身的社群而言，則無法將「中國」視為一個完全外在於自身的對象，但同時其也無法如同未跨境到海外的中國大陸人一樣，以自家人的身份去述說「中國」，簡而言之，在界定自身與中國的關係的時候，「華人」與「中國人」的連結一直都存在著，但也模糊（楊媛甯，2012）。海外華人都希望能夠找到一個恰切的身份概

念來定義自己，卻始終難以實現。他們感受到「中國人」與「華人」的交相影響：當海外華人開始選擇向當地社會融入、宣誓其忠誠的時候，往往會因為其「中國」身份備受質疑，當這群華人面對中國與外中國社會時，其仲介的身份位置使得他們不得不思考自己的身份問題；對於沒有跨境到海外在中國大陸成長起來的人而言，並不存在這方面的困擾，「中國人」的身份是無可置疑的，正如那些移居在海外的華人在未離開母國之前一樣，並不存在身份上的困擾，但是跨境離開母國之後，如何在國界模糊或之外的地區保有舊有的身份認同，則會受到挑戰。

同樣的問題也存在跨境來臺的陸生身上，臺灣與大陸不僅分治，而且存在臺北與北京兩個不同主權論述的國家政府。對於大陸而言，臺灣屬於其海外地區，即外中國地區；而對於臺灣而言，雖然國家憲法上承認大陸是其領土且行使主權的一部份，但是臺灣社會一直都努力與大陸保持距離，以辨識其與北京政府下的大陸的不同，因此形成了臺灣社會獨有的政治態度。來臺陸生直接面臨的是臺灣當地的社會形態，「中國人」的身份困擾更會凸顯。因此，跨境來臺的陸生與未有跨境來臺經驗的中國學生在「中國人」身份認同的強度上會有不同的表現。

2.2 「中國」的歧義：一分為三

從近四十年的華人身份的流變與討論中，可以看到：二戰結束之後，以主權為中心的民族國家的興起以及社會主義／資本主義意識形態對立的冷戰格局，給「中國」概念在政治、經濟及文

化上帶來了分殊。簡單的國家概念已經無法解釋這種現象，它具有了超國家（supranational）的元素，又有次國家（subnational）的部份（Bolt, 1996），變成了一個多元的概念。不論是 oversea Chinese / Chinese overseas / Great China，還是海外華人／華裔／華僑，這些身份概念的產生以及流變，都希望突破國家疆界，來保持「中國人」的身份，企圖突破政治的邊界，從文化上進行連接。

然而八十年代的港澳臺在經濟上的飛躍，使得全球不得不重新重視其歷史與地位，並企圖與大陸作區分；臺灣宣佈解嚴，進入民主改革，並企圖去中國化實現臺灣獨立，而大陸繼文化大革命之後爆發鎮壓八九學運的血案，導致海外華人對於大陸政權的母國合法性產生了動搖，偏居臺灣的中華民國再次得到重視。如何重新詮釋「臺北／北京」以及「臺灣／大陸」的母國地位有了新的討論（Tsu, 2005）。

九十年代後冷戰結束，大陸經濟的全面起飛以及政治力量的崛起，又讓全球視角重新思考「中國」議題；但是不論如何，都無法否認兩岸四地間的中華文化傳統。

因此，林安梧（2013）認為：可以從三個面向來去理解當前的中國格局，即「政治中國」、「經濟中國」、「文化中國」，他認為：「經濟中國」是一「關係性的功能串結」，它是維繫兩岸四地緊密關係以及華人同盟網絡的利益之因，但不能以其為一穩定的存在，應該看到其背後的實體；「政治中國」則是一「擬實體性的對比分別」，它造成了當下特殊的外合內裂的「中國」現狀，但是它不是恒久的實存狀態，它會隨著時局的變動而改變，只是一張力均衡下權稱的實存狀況；「文化中國」則是一「本體性的真實存

在」，才是其不論張力失衡與否以及時局安亂與否，均能久居而安
的實存。

2.3 經濟中國：以經濟貿易為主軸的合作體

　　國民政府在 1949 年撤退來臺後，經過近十年的安穩社會與政
治過程，在謀求經濟發展的思維下，藉由加工出口區的設立和投
資管理的優惠措施，以臺灣的廉價勞力，吸引跨國勞力密集的電
子加工來臺灣投資。從 1960 年代開始，臺灣積極開發工業園區，
從事交通網建設，提供廉價工業發展基盤，中小民營企業穩定發
展，國營事業的規模也不斷擴大，政府不斷出臺政策刺激出口產
業的發展，成就了臺灣經濟的騰飛。

　　然而，進入八十年代後，臺灣經濟便面臨挑戰，勞力不足，
以至於勞力成本增長；臺幣遭遇國際貨幣升值壓力，受到國際力
量的挑戰；再加上幾次受金融風暴衝擊，使得臺灣不得不思考
新的經濟發展途徑。這時候的大陸因改革放開政策的落實，經濟
快速成長，以廉價的勞力和資源吸引外來資本投入（Lee & Lee,
2006）。臺灣具有競爭力的出口廠商開始思考把生產製造系統擴充
到大陸，形成「臺灣接單，大陸生產」的發展模式。臺灣的直接
對外投資，在大陸的投資最為凸顯，高達 36%，臺灣每年流入大
陸之企業投資也高達在臺投資總額的 10%。隨著兩岸經貿往來的
不斷深化，從 1990 年代開始，兩岸投資進入到黃金蜜月期，臺灣
到大陸投資的產業已經擴及到基本金屬、精密機械、石化產業和
電子通訊產業等（周志龍 , 2001）。

面對兩岸的經貿合作漸成主流趨勢，高希均（1992）提出「經濟中國」來描述這一事實，他認為：「經濟中國」是一個「沒有界限的大中國」的概念，指的是結合臺灣、港澳與大陸的生產元素，包括勞力、資本、原料、科技；通過借重港臺地區在產銷、金融、服務、市場經濟運作下積累的經驗，減少相互之間的人為屏障，謀求全體中國人的經濟利益，提升全體中國人的福祉。

2.4 政治中國：以主權為中心的現代民族國家

「中國」一詞，在現代民族國家意義上，指涉的是中華民國或中華人民共和國；另外，它又是一個久遠文化的指稱，是以漢文化為主的中華民族（Pye, 1990），因此它是具有多義且有歧義的詞。

當我們在使用「中國」一詞的時候，到底指稱的是什麼？對於這個詞的定義，尤其是在政治、文化範疇中，都備受爭議。「中國」一詞背後的分歧，正是「國家疆界與文化」的分歧，但是受限於西方學術主流的影響，很多研究者在探討「國家」與「文化」的過程中，並沒有特別注意西方國家常用的政治詞彙——「民族國家」，這是西方人理性的、最典型的政治體制，它一方面已經被普遍用來概括每個國家的獨有的文化，一方面也套在亞非新興國家的政治經濟架構上。這個從西歐演變出來的政體被當做世界各國的典範，使得原來可以分開來談的「國家」和「文化」這兩個概念經常混淆在一起（王賡武, 2008）。

民族國家的概念並非是中華文化中的原生物，它產生於現代歐洲，伴隨著資本主義的市場經濟的迅猛發展以及帝國主義的全

球擴張傳播到亞洲地區。

　　民族國家強調國家主權（sovereignty）神聖不可侵犯，這種觀念最早源自於西方的基督教文明。1517 年，宗教改革運動（the Reformation）興起，神聖羅馬帝國拒絕 M. Luther 交給羅馬天主教會，開始動搖天主教會對於歐洲國家的統治；1519 年，日爾曼各邦國在宗教信仰上分道揚鑣，並因此爆發戰爭，直到 1555 年停戰，締結奧格斯堡宗教和約（Religious Peace of Augsburg），確定「教隨國定」的原則；之後又經歷了三十年戰爭，在 1648 年，簽訂西伐利亞和約（Treaty of Westphalia），正式確立了「主權國家」的體制：國家成為歐洲唯一具有實質性權威的形式，神聖羅馬帝國不得再挑戰其權威；宗教事務由其君主管轄，外國政府不得以武力或其他手段企圖干涉他國內政。民族國家可以說是歐洲的產物，因此歐洲國家均是其典型的範例，但是它帶給包括中國、韓國半島、非洲等在內的非歐美國家認同困境，產生出一種「國家先於族群」的怪異倒轉現象，正如象牙海岸開國元勳波瓦尼（F. Houphouet-Boigny）指出，「我們沒有繼承一個民族，繼承的只是一個由殖民化而人為產生的國家」（張宏明, 1999）。

　　19 世紀，中國繼日本之後，在帝國主義的侵擾下，被強行編入這種國際社會中，方才開始走向近代民族國家的發展（丸山真男, 1997）。日本學者竹內好（2005）認為，當時被稱為「東洋」的亞洲，是藉助於歐洲的脈絡而存在。理解東洋，使東洋得以實現的，是存在於歐洲的西洋式要素。Jaspers（Jaspers, 2011）也稱：那個時代是亞洲不斷力圖脫離亞洲的普遍歷史過程，這是發生在亞洲內部本身，不是歐洲對亞洲的特殊姿態。

　　從晚清到民初，中國在「救亡圖存」的時代使命下，開始向歐洲學習富強之道，在追求現代性的過程中也開始了民族主義的建構。在 19 世紀和 20 世紀的大部份時間裡，「脫亞入歐」成為了亞洲各國追求現代性的主基調，中國亦不例外，從「中體西用」激進地轉向「全盤西化」，也在同一潮流下，追求「現代性」與對「進步」、「文明」世界的嚮往，但是在其背後卻帶入了強烈的拯救民族於危亡的「民族主義」話語。

　　「民族主義」的建構影響了整個 20 世紀的思想史，它是現代民族國家建立過程中必不可少的東西，它除了能夠提供由空間、語言、信仰、歷史建構而成的標準之外，也同時提供了強烈的區分「自我」與「他者」的認同基礎（葛兆光，2011），因此這就不難理解現代民族國家中對於主權重要性的強調。

　　作為現代民族國家範疇的「中國」概念的出現，則與這股「西學東漸」、「脫亞入歐」的亞洲潮流一起，可以追溯到 1911 年的中華民國的成立。到 1949 年中華人民共和國成立之後，「中國」概念在民族國家的意涵上開始發生了分裂。具有明確的領土領空的地理劃界的「中國」有了兩種不同內容的版本。二次世界大戰後，經歷雅爾達會議，重新劃分國家邊界，建立美蘇為中心的雅爾達體系，中華人民共和國與中華民國在同屬「中國」範疇之下，分別隸屬於美蘇兩大敵對陣營，加之《開羅宣言》、《波茨坦公約》中對於臺灣所屬之「中國」並未加以指定，不論是《舊金山和約》還是聯合國大會決議，都對於此問題進行具有歧義性的曖昧表達，「中國」概念在兩岸關係上一直保持模糊不清狀態（Chen & Reisman, 1972）。接踵而來的全球範圍內以意識形態為

區隔的冷戰格局，作為同時具有「中國」代表的中華民國與中華人民共和國由於意識形態的不同，分屬於美蘇不同陣營，導致以中華人民共和國政府所在的大陸與以中華民國政府所在的臺灣，長期處於敵對與分隔的狀態，兩方政府及其憲法均認定己方才是「中國」這一主權國家的合法代表。

雖然作為國際最大組織的聯合國，在 1971 年通過第 1967 次全體會議的 2758 號決議文，否定中華民國作為「中國」這一主權國家的代表身份，肯定中華人民共和國政府代表「中國」的合法性。但是無可否認的事實是，從民族國家的主權定義來講，儘管中華人民共和國已經因為聯合國決議的生效獲得世界上大多數國家（169 個）的承認，卻仍有 23 個國家承認中華民國而不承認中華人民共和國。所以不論是中華人民共和國還是中華民國都不是一個具有正常主權狀態的現代民族國家。

因此，從民族國家的脈絡下來看，「中國」是一個因特殊的歷史因素遺留下的分裂概念。本研究將這種現代國家制度下強調國家主權的「中國」稱之為「政治中國」。

2.5 文化中國：以文化為基礎的「中心-邊緣」的天下觀

從以上關於現代民族國家的討論中，可以發現：西方現代性話語論述下的「民族國家」概念，在中國社會中往往存在諸多的模糊與混淆之處，除了肇因於中國社會的特殊歷史背景之外，更為重要的是它還具有更為深層的原因。過於強調實質性的邊界劃分，並以此來框定國家民族的界線的民族國家概念，它本身就

與強調互動關係網絡以及文化邊界的傳統「中國」概念不相契合（Morley & Robins, 1995）。

兩岸關係的現狀很難用現代的主權國家的概念來理解，但卻很容易用漢語中的「天下分久必合，合久必分」來加以理解。在中文世界裡，「中國」是一個「前現代」（pre-modern）的概念，它是指「天下」，而不是指西方「現代」意義的「主權國家」（黃光國, 2013）。

據現有的考古文獻考究，「中國」最早出現在 1963 年陝西寶雞發現的西周銅器何尊銘文中，銘文如下：

> 唯王初遷宅于成周。復稟（武）王禮福自天。在四月丙戌，王誥宗小子於京室曰：「昔在爾考公氏，克弼文王，肆文王受茲大命。惟武王既克大邑商，則廷告於天曰：余其宅茲中國，自茲乂民。嗚呼！爾有惟小子，無識視於公氏，有愍於天，徹命敬享哉？唯王恭德，裕天訓我不敏。」王咸誥。何賜貝卅朋，用作庾公寶尊彝。唯王五祀。

銘文講的是周成王在祭奠中的訓誥之詞，受之於「天命」定此為天下的中心，因此有「宅茲中國」，這也是目前所知的「中國」二字最早的出處。

古代「中國」又以「華夏」代稱出現。在最早提及「華夏」概念的《左傳》一書中，記載有「裔不謀夏，夷不亂華」之言，按《說文》中的釋義，「華，榮」，「夏，中國之人」。《左傳‧定公十年》疏云：「中國有禮儀之大，故稱夏；有章服之美，謂之

華。」《尚書 • 正義》注「華夏」:「冕服華章曰華,大國曰夏。」按照這裡的說法,華是指漢服,夏指行周禮的大國,而「華夏」的意思就是「身穿漢服的禮儀之邦」。

　　古代中國人的「中國」常常是一個關於文明的觀念,而不是一個有明確疆界的政治地理觀念。中國人始終相信自己是天下的中心,中國人不大用戰爭方式來一統天下,也不覺得需要有清楚的邊界,常常覺得文化上可以「威服異邦」,因此雖然此邦與異邦的地理界線會隨著朝代的更替以及文明的傳播不斷的變動(葛兆光 , 2011),但是「中國」的概念卻不曾被動搖過。《原道》載:「諸侯用夷禮則夷之,夷狄進於中國則中國之」,按照這個標準,「中國」是一具有「文化」實質內涵的「生活習慣與政治方式」(錢穆 , 1993)。

　　中國社會的整體性是建立在以中華文化為中心、以超國家的朝貢網絡為紐帶的基礎上。這種與歐洲「國家」關係不同的「中心－邊緣」以及相應的「朝貢－冊封」關係,即是「天下觀」的「家國」脈絡(Takeshi, 1989)

　　　《詩經·小雅·北山》載:普天之下,莫非王土;率土之　　　濱,莫非王臣;大夫不均,我從事獨賢。

　　「中國」在傳統上並非一國之名,它並不是某一地理名稱,也不是某 政權的稱謂,更非是由一個民族建構而成的,甚至稱不上是一個民族國家的概念。傳統意義上的「中國」並沒有主權國家的束縛,而是對於所謂「正統」的傳承的使命,更強化的是

中國文化的認同與文化意識（許仟 & 何湘英 , 2002）。

> 《尚書‧梓材》載：皇天既付中國民越厥疆土於先王；肆
> 王惟德用，和懌先後迷民，用懌先王受命。

> 《詩經‧大雅‧民勞》載：民亦勞止，汔可小康，惠此
> 中國，以綏四方。無從詭隨，以謹無良，式遏寇虐，憯不
> 畏明，柔遠能邇，以定我王。

　　兩段引文都在說明，古時的「中國」是指的是天下的中心，並以德綏靖天下四方蠻夷。西晉江統著《徙戎論》載，「天子有道，守在四夷」，在漢人心目中，其直接統治地區是為中國本土，其周圍四夷均為臣屬之地，居天地之中者曰中國，四夷是居天地之偏者。漢語以及禮樂衣冠是「中國」的特徵，後逐漸帶有王朝統治正統性的意義，「中國」以外稱為四夷。例如，漢代始建蠻夷邸，南北朝建「四夷館」，明朝四夷館，內分八館，曰韃靼、女真、西番、西天、回回、百夷、高昌、緬甸等等，四夷必須臣服中國。因此，傳統的「中國」本身只是從「中心－邊緣」的脈絡下框定的詞彙，它雖然與民族國家的概念同樣具有地緣的性質，但是它並不是以不變的實質性領土邊界作為劃分的標準，同時亦不帶有現代民族國家以國來劃分民族的特點，傳統「中國」定義「誰為中心，誰為邊緣」的基礎在於文化。
　　為了有別於在現代民族國家論述脈絡下的「政治中國」，在這裡把傳統強調文化概念的「中國」概念，稱為「文化中國」，它指

向的是共同分享同一書寫語言、中華民族、生活方式、家族系統
以及深嵌在社會之中的儒家規範與華人認同（Frith & Tsao, 1998）。

　　這種強調傳統文化的傳承與連接的「文化中國」的概念並非
新創，它是來自於冷戰時期的產物（Frith & Tsao, 1998），由於受到
意識形態以及國家主權的紛爭，不僅大陸與臺灣兩岸人們，以及
全球的華人都深陷於冷戰的格局之中，在不同意識形態下必須劃
清界限，在國家主權的鬥爭中彼此敵對，導致流散在全球各地的華
人深深地產生「民族國家」的焦慮。正是在這樣的背景之下，「文
化中國」的概念方才被提出來，希望重新以文化作為主軸來連接與
團結全球華人，企圖在意識形態與現代民族國家的框架之間另闢一
條凝聚全球華人之路，強化「中國」認同。因此，在冷戰結束後，
學術界對於「文化中國」的討論在歷史學、政治學、經濟學、社會
學和文化研究等學術社群中方興未艾（e.g., Baldinger, 1992; Crane,
1999; Kemenade, 1997; K. Liu, 2004; Lu, Jia, & Heisey, 2002; Myers
& Puchala, 1994; H. F. Siu, 1993; Tu, 1991; Wang, 1995; Weidenbaum,
1993; 蘇國勛 , 張旅平 , & 夏光 , 2006）。在「文化中國」概念下，
臺灣與大陸地區均同隸屬於「中國」是無可置疑的，在這兩個社
會中的華人均超越地理邊界，共用著同一祖源、文化價值及身份
認同（Tu, 1991）。

2.6 「中國」概念的政治與文化張力

　　本書擬從政治與文化兩種不同的脈絡下來理解「中國」概
念，一者是在民族國家的現代國家制度話語下的「政治中國」，一

者是在以文化為主軸的天下觀視域下的「文化中國」。

　　從建構實在論的哲學觀來看，「中國」一詞不論是在民族國家的政治脈絡表述下的「政治中國」，還是在傳統天下觀的文化脈絡表述下的「文化中國」，都是在不同脈絡下被建構起來的概念。社會學（Schwartz, 1991）和心理學（Hirst & Manier, 2008; Lewicka, 2008; Weldon & Bellinger, 1997）的相關研究發現：在不同社會主流所推動的概念下，社會中的成員和群體，包括家庭、社會組織以及民族國家，都可以有選擇地組織並重述過去，借由這對於群體起源的歷史敘事進行重構，建立共同的信念及傳統，來詮釋群體的本質及維繫群體的凝聚，並借此通過集體性的記憶和失憶雙過程，來建構我群的認同。因此，在研究中需要特別注意作為研究對象的人，他不僅僅是現時社會結構和制度功能運作下的個體，在它的背後也背負有特定時間脈絡、歷史經驗與歷史記憶的痕跡（王明珂, 1997）。

　　大陸政府在 1949 年建國以來不斷推行以中華人民共和國為「中國」正統的國族認同教育，在 1971 年獲得聯合國的「中國」合法代表權，並且佔據著自古以來較為固定的「中國」疆域，加之中華文化斷斷續續地到延續與傳承，因此沒有橫跨臺灣海峽的跨境經歷的中國人，在「中國」的認知在政治與文化脈絡上是一致的。但是臺灣與大陸則非常不同。蔣家時代的臺灣，一直在社會教育中貫徹中華民國為「中國」正統的信念；在 1971 年以前，都以中華民國的身份在聯合國內合法代表「中國」席位，但是隨著民主化的過程，臺灣社會中的多元身份的認同開始崛起（C.-y. Shih, 1999）。八十年代正值大陸改革開放，全球範圍內以意識形

態為標的冷戰也進入尾聲，李登輝開始逐漸拋棄非他即我的「中國」身份的認同，企圖從「中國」身份中跳脫出來，鼓吹獨立的臺灣身份與意識。經過陳水扁執政期間的大力貫徹，去中國化的臺灣身份得到鞏固，認為臺灣借由民主體制而有別於專制體制的中國（S.-M. Shih, 2003）。在這一番歷史的演變之後，臺灣社會的「中國」意涵發生了分裂，一種是以民主－專制為表以國家主權紛爭為質的政治話語下的「中國」，一種是繼續傳承中華文化及儒家社會規範的文化表述下的「中國」。對於具有跨境經驗的來臺陸生而言，他們原有的「社會認同感」與所處社會賦予的身份角色發生分歧，使得他們在「自我認同感」與「社會認同感」之間需要重新作調整，他們與臺灣社會互動的過程中產生改變，變得跟臺灣人比較類似，他們原本的生活世界沒有分歧的「中國」認同，在臺灣社會的互動中遭到了挑戰。「中國」這個因兩岸特殊的歷史關係，使得本身就帶有歧義的認同問題重新浮現，在「一中各表」的脈絡下擱置的「何為中國人」以及「我是誰」的問題重新得到審問。

因此，不論是在臺灣還是大陸社會，「中國」在政治與文化的分離都是同時並存的，並且深刻影響著生活世界。在「政治中國」下的國家邊界及主權分割，與「文化中國」下的同一性並不一致，導致在兩岸關係存在著政治與文化的分殊（Huang, Liu, & Chang, 2004），因此在思考陸生來臺後發生的轉變，不得不考量政治與文化的分殊現象。因此，跨境來臺經驗讓陸生在「政治中國」與「文化中國」上產生了分殊。

Chapter 3

撬動「中國」認同

當我站在臺灣土地上的那一刻開始，

中國，這個名字開始不再那麼簡單。

作為主體的每個人借由其反身性與能知性都會有自己的一套「我是誰」的認知結果和「我／非我」的分類系統，形成包含「自我認同」與「社會認同」的雙元性自我。在生活世界中，這種雙元性自我不僅會受到互動的另一主體的影響，也會受到互動所處在的社會環境的影響，它如何被提取而影響當下的行為，具有個人與群體的共同經驗。陸生在大陸成長並接受教育，對於他們而言，在他們認知的中國版圖上，包括臺灣在內，他們原本的生活世界並沒有分歧的「中國」認同，臺灣與大陸均屬同一個中國。跨境經驗使他們的認同遭到了挑戰，「中國」這個因兩岸特殊的歷史關係使得本身就帶有歧義的認同問題重新浮現，在「一中各表」的脈絡下擱置的「何為中國人」，以及「我是誰」的問題，重新得到審問。

因此，這裡以「中國人內團體認定程度量表」為態度評估工具，探討來臺陸生在「中國人」身份認同的程度上，是否會因為跨境來臺求學的經驗帶來改變。

研究者收集已經來臺求學的陸生作為實驗組，這些陸生在臺灣求學都已經達到一年或更久的時間，以確保這些陸生都已經基本熟悉與適應臺灣的社會文化環境，並以未跨境來臺的大陸學生和臺灣學生當做參照組。陸生的跨境經驗使得他們受到具有臺灣意識的社會文化環境的影響，對自我的雙元性帶來新的挑戰與調適，遭遇兩種社會文化所帶來的衝擊，因此與未跨境來臺的大陸學生相較，他們在中國人內團體認定程度上會有所改變。

參與研究的學生來自臺灣大學、成功大學、臺灣師範大學、中山大學、中央民族大學等十五所大學的研究所學生，採取便利

抽樣的方式進行，其中臺灣學生 196 人，陸生 199 人，未跨境來臺大陸學生 188 人，共計 583 人，男生 299 人（51.3%），女生 284 人（48.7%），年齡在 20-30 歲之間的人數為 540 人（92.6%），20 歲以下有 13 人（2.2%），30 歲以上 30 人（5.1%），碩士生有 548 人（94.0%），博士生有 35 人（6.0%）。

　　使用的是從群體認同量表發展而來的以中國人為中心的內外團體認定量表。Brown 等人認為群體認同包括了三個部份，分別是自己是否隸屬於群體成員之中、對群體的評價如何、對群體的感情如何。他們（Brown, Condor, Mathews, Wade, & Williams, 1986）並據此編製出群體認同量表（共 10 題），其 Cronbach's α =0.71。徐碧芬（1996）在自己的組織研究中有把其翻譯成中文。楊宜音（2001）通過個案研究發現：在中國人的關係中，由先賦性與交往性共同構成親疏結構，形成「自己人／外人」分類，對於中國人的人際關係中，內外團體中的「自己人／外人」是一個有效的關係分類。因此，研究者根據研究的需要抽取出其中的四題，把題中的「群體」以「自己人／外人」代替，具體表述為：

　　A1. 我認為自己是中國人的一份子

　　A2. 我認為臺灣人（或大陸人）是自家人

　　A3. 我認為臺灣人（或大陸人）是外人

　　A4. 別人問我哪國人的時候，讓我覺得為難

　　採用李克特 Likert 六點評量的方式（最低 0 分，最高 5 分），A3、A4 為反向題反向計分，所得分數愈高表示內團體認定的程度愈高，所得分數愈低表示內團體認定的程度愈低。

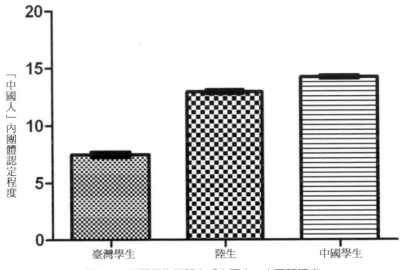

圖 3-1　不同學生群體在「中國人」內團體認定

　　圖 3-1 是根據 583 份研究資料整理而來，從圖中的比較，可以很明顯的發現：來臺陸生的中國人內團體認定的程度（M=12.95）顯著低於未跨境來臺的大陸學生（M=14.22），卻又高於臺灣學生（M=7.48）。從統計結果分析來看，陸生來臺後的跨境經驗使其對於中國人內團體認定的程度與未跨境來臺的大陸學生有顯著差異，這可能是由於陸生在臺一年或更長時間的生活中受到臺灣社會文化的影響所造成，可是他們在中國人內團體認定的程度上也與臺灣學生有顯著區別，說明陸生雖然來臺已經有一年乃至更長的時間，但是他們在臺灣社會中所發展出來的自我概念並不能夠如臺灣學生一樣，嵌合在臺灣社會中。

Chapter 4

「鄉」與「國」交織

臺灣海峽，一片狹長空間，

它是鄉的邊，也是國的界。

　　從前一章的數據來看，我們會發現一個有趣的現象：對於來臺陸生而言，他們的中國人內團體認定的程度低於未跨境來臺的大陸學生，卻又高於臺灣學生，他們正經歷著因跨境經驗所帶來的兩個社會中的認同衝突與磨合，來臺陸生的雙元自我在「自我認同感」與「社會認同感」上出現重新調適的需要，這與藍佩嘉等人對於赴陸臺生所遭遇的現象很相似。在其研究中藍佩嘉等人認為之所以導致這種我群與他群差異的現象，很可能是來自於臺生在臺灣與中國、想像的中國與現實的中國、「祖國」與「外國」之間交織而成的論述網絡。在陸生生活的著述中，對於這種「國之非國」的獨特感受屢見不鮮。可見，陸生面臨的這種自我雙元性的重新調適，很大程度上也是因為臺灣與大陸之間的獨特兩岸關係，即藍文中提到的「祖國」與「外國」的交織。

　　香港中文大學葉家興教授領導的四人團隊對來臺有一年的陸生進行質性研究，在其論著《陸生元年》（2012）中指出，陸生在臺生活上往往會遇到「故鄉」與「他鄉」的糾葛：來臺陸生幾乎都有一個「臺灣情結」，臺灣的事一直都被他們認定為「自己家的事」，對於臺灣多元的文化樣態更是喜愛有加，被奉為傳承中華文化傳統的典範，但是這群陸生也會提到在臺灣生活常常會有一種「被同種語言分隔的兩個社會」的疏離感，尤其是常常被臺灣人以「臺灣／中國」區別之。此外，蔡博藝、胡俊鋒、劉二囍等人在他們的生活寫實中都提到，在文化上他們發現臺灣是一個「比中國更中國的地方」，然而，在政治上又不得不面對中華民國的存在。從這些來臺陸生的論述中可以發現，陸生生活中的這種「國之非國」、「故鄉／他鄉」的不同認知的交織，來自於文化與政治

二者的分殊。陸生的臺灣情結與故鄉情結多來自於論述臺灣文化或禮俗的文本脈絡；臺灣帶給陸生區隔感的，則多來自於論述兩岸政治或國共兩黨的文本脈絡，以此陸生的這種自我雙重性的危機是來自於兩岸關係中政治與文化的分殊。

這一章把焦點放在來臺陸生發表的雜文和出版的書籍上。陸生雖然只是開放短短的幾年時間，可是在這兩年多的時間裡，陸生寫的書籍卻在臺灣陸續出版，包括陳爾東著《從華盛頓到臺北——一位大陸年輕人眼中的臺灣》（2010），趙星著《從北京道臺灣：這麼近，那麼遠》（2011），張昊著《請問麼零麼在哪裡？一個北京女學生的愛臺灣遊學記》（2012），蔡博藝著《我在臺灣我正青春》（2012），馬軍著《臺灣，我不是來玩的》（2012），胡俊鋒著《台灣，你可以更讚》（2012），劉二囍著《亞細亞的好孩子：一個大陸學生視野下的臺灣》（2013），葉家興等著《陸生元年》（2013），楊景堯編《大陸學生臺灣夢》（2012）和《大陸學生臺灣緣》（2013）一共十本書籍。

本章將過去對陸生來臺之後的書寫以及深入訪談的論述分析，來理解跨境來臺經驗在哪些方面給陸生帶來的的身份困擾。因此，採取參與式觀察的田野工作（field-work）方法，進行質性研究。

作為陸生的一員，研究者與其他來臺陸生一樣，具有跨境經驗，參與到陸生與臺灣社會中的互動，並遇到身份認同上的困擾，因此能夠較為清晰的把握陸生來臺之後發生的變化，以及遇到的身份困擾。但是也正因為研究者是陸生群體中的一份子，使得研究者不得不正視自己在這一群體中的「在場」（in present），

為了保證文本分析過程中的客觀表述，避免主觀性的風險，研究者採取深入訪談資料與陸生書寫文本分析並進的方式，相佐相應，如果兩邊材料有不一致的部份則捨棄不用。

研究歷時兩個月的時間，分別深入訪談了六位已經在臺就學達一年半時間的學生，針對陸生來臺前後以及一年的生活經驗變化，進行半結構性訪談。當然，這裡存在著一個危險：受訪者在對自身經歷進行訴說有多大程度的真實（表徵危機）。任何被言說的體驗、經歷或事實都具有建構性，這種建構性雖然是本體存在的條件，但是試圖還原一種絕對意義上的「本來的實在」是不可能的。這意味著研究者只能在被建構的現實中，尋找一種向真實的實在的逼近，因此訪談對象在學科、年級、地域背景的基礎上，都選擇與筆者關係較好者，這樣更能降低其防備心，以提供較為真實的內心感受。訪談過程中研究者對較為模糊或抽象的述說，均會要求受訪人進行更為細緻的描述；另一種情況是：受訪者受制於種種原因，在述說過程中可能不經意的扭曲事實，或者捏造事實，在訪談過程中，研究者將研究中的關鍵性問題以不同形式重複質詢受訪人，結合受訪人對同一或近似問題的反饋，來檢核這些回應是否存在矛盾之處，同時在數個訪談對象以及陸生的書寫文本中進行反復的檢核，並請受訪人作進一步的確認，如果無法檢核且確認的內容均將去除，儘量避免出現扭曲的狀況。

Patton（2005）在論及質性研究的抽樣時，提醒研究者：樣本的選取需要反映社會多元現狀的廣度，因此在選取受訪對象時，會依在臺就學時間、年齡和學科背景進行篩選。由於民國100年才開放陸生來臺就學，因此受訪人將在第一批來臺陸生中進行選

擇。在進行訪談時,他們已經在臺就學時間達到一年半以上;來臺陸生中的年齡以及就讀年級分佈較廣,從大學部到研究所的學生均有,因此受訪人的選擇,也要兼顧大學部以及研究所的不同年級及年齡因素。陸生在臺除了醫事專業及涉及國防科學的科系均可就讀,在選擇受訪人的時候,也會挑選不同科系背景的學生。訪談會受到訪談者與受訪者之間關係相當大程度的影響,訪談的成功與否並不完全取決於訪談者使用的具體技巧,更重要的是需要受訪人對於訪談人的信任以及訪談人是否能夠在具體的日常生活脈絡中理解他人,因此在最後研究者將在符合研究要求的陸生中間選擇與筆者關係較好者。

　　研究中的受訪者,一共 7 位,男性 3 位,女性 4 位,年齡介於 18-28 歲之間,受訪者基本資料詳見列表。

　　研究者先告知訪談過程中將進行錄音。訪談錄音的目的僅為學術研究,將來會摘錄述說內容,成為論著的一部份,但不做其他的用途,並請受訪者簽署一份同意書,將受訪過程全程錄音。為使受訪者能夠以輕鬆而無壓力的心態受訪,在邀請參加研究

表 5-1　受訪者基本資料

編號	性別	年齡	學校	科系	教育程度	籍貫
受訪者 1	男	25	臺灣大學	園藝設計	研究所	福建
受訪者 2	女	24	臺灣大學	食品科學	研究所	江蘇
受訪者 3	女	18	文化大學	新聞傳播	大學部	寧夏
受訪者 4	女	18	靜宜大學	服裝設計	大學部	上海
受訪者 5	男	28	臺灣大學	地理學	研究所	廣東
受訪者 6	男	18	文化大學	歷史學	大學部	廣東
受訪者 7	女	23	臺灣大學	管理學院	研究所	南京

時，研究者儘量清楚說明研究目的和訪談進行的方式，以減輕他們心中的疑慮，並概述本研究感興趣的問題，讓受訪者對於即將面對的訪談情境有所準備，以增加他們對訪談進行的主控感和勝任感，能夠用一種聊天、分享的態度，述說他們的來臺前後的經驗感受。為使訪談順利進行，並營造一種聊天的訪談情境，在訪談過程中，研究者儘量以最自然的方式發問。

陸生書寫的文本內容多為生活記述或文化評論，涵括的方面比較凌亂；在深入訪談過程中，受訪人對於來臺前後的生活經驗論述也涵括了很多方面，尤其是兩岸之間的學習與生活的比較。由於本章關注的議題是陸生來臺前後身份認同的變化，因此資料分析的重點，放在陸生來臺前後具有衝擊性的生活經驗上，並根據具體的論述情境脈絡或事件類型進行分類。在進行文本截取的階段，採取雙元檢核的方法，陸生書寫的文本與深入訪談的文本進行相互對照以及檢核，在確認情境脈絡下捨去資訊不一致的文本，只選取反復確認多個陸生中確實存在的體驗進行分析。

Dear 大牛：

臺灣和我想像得很不一樣。

比如，我一直以為中華臺北是中華民族的中華，不曾想原來是中華民國的中華。入境的時候我才知道自己原來是外國人，來之前可沒人跟我說過這些。在臺灣銀行換錢，把那些毛爺爺來換成孫中山和蔣中正，這和看美元上華盛頓的感覺是不同的，你明明覺得孫和蔣很熟悉，可看到他印在錢上卻很陌生。在這邊看到的都是繁體字，很多

> 地方不是西元紀年，寫的是民國某某年。國旗也不是天天
> 見的五星紅旗了，是青天白日滿地紅旗，之前我只有在影
> 視劇中見過。心裡的感覺很怪異，就像被迫換成了頭朝下
> 用手走路，眼前的世界怎麼看都不是我熟悉的那個世界。
>
> 張昊

　　張昊在自己的書中附了寫給其男友的書信，其中她就提到她在臺灣所遇到的「熟悉」與「陌生」相互交織的經驗。在出發之前，張昊認為這無非是從一個城市到另一個城市的轉換，它並不能夠與出走歐美相提並論，因為後者是出「國」，而前者至多只能算是出去，「這跟去趟福建、廣州有什麼區別？要是讓我去歐洲、美國之類的，那才會激動吧。」然而，開始接觸臺灣，在臺灣開始生活，張昊就發現臺灣並非想像的如此，雖然不敢直接以「異國」稱呼這種體驗，但是十足具有「異國」的味道，最起碼它並非是「故鄉」。

4.1 政治中國：本國／異國

　　陸生群體在民國 100-102 年之間一共出版了 10 本著作，有趣的是這些著作都在談論兩岸的差異以及旅行體驗，在政治部份的內容提及甚少。對於陸生而言這一塊是敏感的，張昊（2012）在其書中就提到，她的朋友因參加蔡英文的演講被採訪登報就已經驚恐萬分，自覺地寫了行為檢討書寄給大陸臺灣事務辦公室。這種對於政治「正確性」的覺悟，充分影響著陸生在臺的文本書

寫，蔡博藝在其臉書中提及來臺之後陸生自覺的「自我審查」的情節，她亦在書寫過程中受到影響。因此，在對 10 本陸生書寫的文本分析中，會發現陸生在詞彙選擇上都選擇以「大陸」指稱中華人民共和國，而非以「中國」，均是採用「大陸 - 臺灣」的對照，而非「中國 - 臺灣」。民國 101 年和 102 年，淡江大學教授楊景堯博士召集近百位來臺陸生書寫臺灣故事，並收編成兩本作品集《大陸學生臺灣夢：陸生的臺灣成長記憶》和《大陸學生臺灣緣：陸生的臺灣成長記憶》，研究者對 120 篇文章進行逐字分析的過程中，也發現「大陸 - 臺灣」對照的書寫風格，即使是在評論臺灣政局的過程中亦不例外。

4.1.1 「異國」感受：臺灣

「中華民國竟然還存在！」不只一位陸生來臺後驚訝的表達（黃重豪等，2013）。雖然在本文的書寫中，陸生一直都保持著所謂的政治「正確性」，使用「大陸 - 臺灣」對照的書寫風格，但是不可否認的是陸生在臺確實不斷地經歷和體驗著「異國」元素。

> 你為什麼想來臺灣唸書？大都是抱著看看外面的世界的心態和好奇，這和出國留學一樣，但是又和他們有所不同……我已經習慣臺灣同學稱呼我是中國人，我也不再去爭辯些什麼……我們不敢亂丟垃圾，講話三思後言，做事客氣禮讓，生怕哪裡不合適，丟了「祖國人民的臉」。任何一點，都有可能被上升到「中國人如何如何」的高度。（蔡博藝，2012）

我在學業上很擔心，因為我以前不是學園藝設計的，現在學這個，有一次 meeting 老師聽完我報告覺得很爛，就把它拿來說大陸的設計有多麼多麼爛，我就覺得你可以說大陸爛或者我很爛，可是並不能這樣因為我報告得差就亂推論點評。（訪談人1）

在臺灣的生活，不再是未來臺灣之前自己想當然的以為兩岸都是自家人的認知，在生活世界中的人際互動過程中，正如蔡博藝提到的，這是一種關乎國家臉面的感受，這是在臺灣社會生活裡陸生經常遭遇到弔詭現象。

你看著臺灣人，就跟你一樣呀，一看就感覺是中國人，可是人家就不跟你中國人。（訪談人4）

從小的教科書上就告訴我們，「臺灣是中國神聖領土的一部分」，長大了歷史書上依舊寫著「世界只有一個中國，臺灣是中國的一部分」。我們總是用陰謀論的眼光去看待臺灣，總是怪責美帝國主義的干涉致使臺灣的割裂，總是不由自主地同情臺灣不能回到母國懷抱的苦楚。然而在踏上臺灣土地的那一刻回頭看這所有的一切，開始發覺我們自己「太想當然」罷了，我們自己太把自己當成一回事，完全只是我們自己的想法，未必是臺灣人的想法。（胡俊鋒，2012）

　　陸生來臺之後都非常注意自己的言行舉止，臺灣的新聞媒體到處鼓吹陸生的勤奮好學，對於陸生的一些言論也到處截取報導，使得很多陸生來臺後逐漸不敢再接受任何媒體的採訪，訪談人 6 在訪談過程中也提到被誤解的遭遇，「明明我講的不是這個意思，可是他們（新聞媒體）就按照他們想要表達的意思來亂截取，所以後來我都不在接受外面電視臺的採訪了。」胡俊鋒（2012）在《台灣，你可以更讚》提到，大陸很大，來自大陸的每一個學生都不能代表大陸，但是在臺灣眼裡，來自大陸的學生，一言一行都代表大陸。正是這樣的一種「他者」形象，使得陸生們不得不由一種莫名的疏離感。

> 畢竟是綠營的場子，場上罵完馬英九罵中國，於是為了防止露餡，我就全場閉嘴，連喊個凍蒜，都不敢大聲。怕旁邊的人聽出，旁邊這個胖子怎麼閩南話還帶唐山味兒？（馬軍，2012）

　　兩岸的長期分隔以及發展歷史的不同，雖然自 2008 年馬英九上臺之後交流有所加強，但是兩岸對於彼此的瞭解仍知之甚少。當第一批的陸生抵達臺灣，遭遇的第一個衝擊就是想像中的臺灣與現實中的臺灣。

> 臺灣頂多就是中國的一個省，可是人家就是看你很不爽，你還以為人家跟你多熟多親，最後討了個冷，很有排斥感。（訪談 2）

臺北不是我的家。原來我們每天口口聲聲所說的對岸同
胞，已經完全變成那個樣子了，而對岸的那個地方，竟和
我們一樣，也稱中國，他們不是我們的過去，更不是我們
的現在。我想，此去求學兩年最大的意義便清晰的很了：
去尋找藥方！（馬軍，2012）

「臺北，不是我的家」，喊出了諸多陸生的心聲，初來乍到
的時候第一批陸生群體中曾有很長一段時間瀰漫著一股沮喪的情
緒，常常以「不讀了，給我一張機票，我立馬回去！」的話語來
自嘲。抱著滿腔對臺灣的愛來到這裡的陸生，在不斷地與臺灣社
會互動中，漸漸地意識到臺灣對於自己的意涵。對於陸生而言，
體驗最直接的是臺灣政府對於陸生的「三限六不」[1]的政策，使得
很多的陸生在學習生活中都能夠直接經歷有別於其他學生的差別
待遇，一些陸生甚至在接受採訪時把這種遭遇視為「三等公民」
的歧視政策。

不允許陸生打工，怕搶了臺灣學生的工讀機會，可是卻不
對外籍學生和僑生做這樣的限制，很明顯就是藉口……陸
生標籤本身就是一種赤裸裸的歧視政策，這種三限六不的
歧視政策在全球範圍內罕見的。（胡俊鋒，2012）

---

[1] 「三限六不」的內容如下：三限為「限校、限量及限域」，六不為「不加分、不影響
招生名額、不提供獎助學金、不允許校外打工、不可考照、不可續留台灣就業」。

> 一開始臺灣人都很不解，我在 PTT 上寫文講述陸生三限六
> 不政策的不公平之處，就遭遇了臺灣人的洗版，都充斥了
> 「對，就是要這樣對你們」之類的語言，感覺我們這些陸
> 生就是蝗蟲，整個版居然沒有一句是支持我的。（訪談人6）

4.1.2 「異國」感受：大陸

　　陸生感受到的臺灣社會是帶有排斥性的，這種排斥感並非來
自於日常的生活，而是更多地來自於政治與認同的態度上，但是
這種政治認同上的疏離感並非僅僅只有臺灣會帶來這種錯覺，一
旦這些陸生離開大陸邊境，遭遇而來的也有來自大陸本身的待遇。

> 國家安全局的找你問話，就覺得，你到底是不是中國人
> 呀！（訪談人3）

　　從陸生拿到學校錄取通知書開始辦理入臺手續，陸生就被
各地方的臺灣事務辦公室的人員進行各種的叮囑以及談話，每次
回到大陸之後也會召集起來，進行所謂的關懷與慰問。一些陸生
會被國家安全局約談，陸生一再提到這種不好的經驗，感覺自己
似乎在外面做了什麼壞事，像個壞人一樣被審訊，再說臺灣按理
來說是國內，再怎麼也輪不到處理國際事務的安全局來約談呀？
我到底是不是中國人呀！蔡博藝在《我在臺灣，我正青春》的大
陸版後記中撰文提到她自己的遭遇，「有時候出版前，還要送去
審查，被人修改，給我加上一堆莫名其妙的引導，還不想讓人知

道。」她與研究者在私下的交談中提到,她曾經把出版審核的政府文件記錄在臉書上,隔日即接到大陸相關部門要求撤銷其狀態的電話。這種在臺灣依舊被大陸相關部門緊密關切,如逃敵營的感覺,確實讓很多來臺陸生不得不正視兩邊的特殊狀態,現實已經打破了這群人曾經的兩邊都是自家人的異想天開。

> 民國 100 年 9 月 5 日,忙活了近兩個月的入台手續之後,終於拿著登機牌走入了深圳寶安機場的航班等候室,在國際航班登機口顯赫地寫著這麼一句意味深長的話語,Start Here, Make a Difference。前往臺灣的大陸人需要擁有兩本通行證,一本是大陸出入境發放的「大陸居民往來臺灣通行證」,另一本是臺灣移民署發放的「中華民國臺灣地區入出境許可證」。當進入大陸出入境檢查口的時候,他只檢查你的「大陸居民往來臺灣通行證」,並在證件頁中蓋章;而當進入臺灣入出境檢查口的時候,他只檢查你的「中華民國臺灣地區入出境許可證」,並在證件頁中蓋章。(胡俊鋒,2012)

跨境來臺的經驗是特殊的,對於很多陸生而言,他們需要在認知上接受兩岸同屬一個中國的國族教育,但是在真正開始跨境行為的過程中,有遭遇到國際化處理兩岸事件的現實狀況,認知與現實的衝突讓很多陸生開始知覺到其中政治上想像中國與現實中國的差距。很多陸生來臺之後,都會儘量避免談論政治議題,在訪談過程中,他們都認為:這樣做不僅僅是因為自己的身份是兩岸的敏感關注對象,臺灣媒體很喜歡陸生,可是往往亂報導,

大陸又很關切這一群體，生怕說錯了話做錯了事。他們提到在臺灣唸書夾在兩岸之間，並不想成為一個政治人，可是政治卻滲透在生活和學習的每一個角落。

> 無論初始心如何，我踏上的將是一個政治與情感的模糊地帶，它既是一個國家也不是一個國家，它既是中國也不是中國，它難以用一個標籤去描摹，它難以用清晰的言語去描繪，它被很多人述說過，可依舊是一片空白。這種模糊之感，這種不安全感，是走向臺灣的獨特心境。（胡俊鋒，2012）

> 面對臺獨，我反對，我反對，但是可以尊重和接受，在臺灣待久了，對於這種言論就變得無所謂了，可能也是自己相信是絕不可能的吧。（訪談人1）

> 我的中國是有臺灣，他的臺灣可以不在我的中國裡，實驗室跟我認同很不一樣，我能理解，可我也不會變。（訪談人2）

4.2 文化中國：故鄉／他鄉

「國家」，對於陸生來說，在臺灣議題上是難以啟齒的一個詞。在陸生書寫的文本分析中，雖然都不斷地在表述類似的情感體驗，卻幾乎看不到這方面的國家論述。在陸生的深入訪談中，陸生承認這種國家般的情感經歷，但是對於他們而言，一樣

無法在生活語言中使用國家詞彙來形容兩岸，更多的是用尊重的
姿態來表達自己中間的立場。我想這不僅是出自現實的考量，更
是因為陸生自身內部也在不斷經歷著認知與現實上的衝擊和調
解。因為「國家」概念太沉重，反而「鄉」的概念來得緩和且自
在很多，由此一來，就拉回到了「文化中國」的意涵上來，因為
「鄉」相較於「國」而言，是一個非常不同的概念，「國」是界的
分法，以主權為界，而「鄉」則是情的分法，以遠近為尺；在中
文的語法中，正好是「家國」的概念，其背後的基礎則在於血緣
和文化。

　　陸生書寫的 10 本書中，主要都是從臺灣的文化角度切入，進
行講述自身的經驗。在臺灣所體驗到的人情、美食、城鎮、宗教信
仰等文化性事物，都是最為吸引陸生的部份，這也正好是「鄉」情
的一種反應。陸生在文本書寫過程中也經常使用「家鄉／他鄉」來
表達自身所遭遇的差異感。

表 5-1　陸生著作中的兩岸政治議題篇章與文化篇章統計

書名	政治篇章	文化篇章
從華盛頓到臺北	7	13
從北京到臺灣	0	38
台灣，你可以更讚	12	15
亞細亞的好孩子	20	50
陸生元年	4	5
我在臺灣，我正青春	1	18
請問麼零麼在哪裡	1	20
臺灣，我不是來玩的	5	22
大陸學生臺灣夢	3	52
大陸學生臺灣緣	1	64

4.2.1 名為「家鄉」

> 每個人都有個「臺灣情結」：鄧麗君、周杰倫、陶喆、王力宏、蕭敬騰、張懸……（黃重豪等，2013）

> 臺灣，這個海島對於我們來說是多麼的奇妙，它一點都不陌生，它甚至是微縮版的中國。（蔡博藝，2012）

　　來臺陸生的身上都能夠發現很濃重的臺灣情節，不論是從小接觸的臺灣作家的文學作品的薰習，還是成長過程中喜歡的臺灣綜藝人物，這些都建構了陸生中的「臺灣情結」，這個情結既影響著這些陸生選擇來臺的選擇，也在陸生臺灣生活中不斷地發酵，是陸生在迴避政治的同時找到的理想安放之處。

> 小時候就是看著臺灣電視長大的，什麼電視臺都看，有股票、佛教、綜藝之類的，尤其是臺灣的綜藝節目，對臺灣的感覺就像個熟人那樣。（訪談人1）

> 我小時候就看老三台啦，還聽中廣六星網，要「喬」位子你知道（指收音機），聽那個呂文中的，不聽會睡不著；像保利達蠻牛那個廣告，從小播到大。（劉莫，引自黃重豪等 2013）

我家就是把鍋架在屋頂就能夠收到臺灣電視的信號，我爸
特別愛看臺灣電視，就跟著老爸一起看，還經常討論臺灣
的事情，就感覺臺灣很熟悉，都是家常便飯的談資，完全
是自己家的事情呀。（訪談人6）

很多來臺初體驗的的大陸人都會對臺灣社會的人際之間的熱
情特別心生好感，從《新週刊》記者一行在環島一個月之後，即
出版專刊《臺灣最美的風景是人》（2013），到知名公共知識分子
與作家韓寒來臺，因經歷臺灣店家貼心關懷與失物復得等友善事
件撰文〈太平洋的風〉，都在兩岸風靡很久。這種景象在陸生當中
則更為普遍，幾乎在陸生的書寫中都集中在日常生活生活上遇到
的美好經驗。

當得知我既不能領取獎學金又不能工讀時，店長先生竟然
為我憤憤不平起來……付款時，店長先生足足給我減去了
三分之一的價格……店長先生身上所折射出來的臺灣人的
善良與浪漫，卻深深地打動了我；我從店員手中接過熱乎
乎的咖啡，輕聲向他道了謝，轉身準備離開。就在這個時
候，我聽到那位老先生輕聲地對著店員說：「蘇先生，晚
安。」這只是一句簡單得不能再簡單的問候，然而卻在我
的心中如巨石入湖般激起了陣陣的漣漪。大陸最美的是風
景，臺灣最美的是人情，臺灣的人情味到底是來源於中華
文化，抑或兩岸的政治制度的不同？（許張逸帆，2013）

夜市是臺灣的名片，邀請世界各地的友人來做客。對比西方國家燈紅酒綠的夜生活，夜市文化更加飽滿的彰顯出其對平民生活的價值，是城市生活的集中體現。難能可貴的是源遠流長的華人飲食文化，被精心的濃縮保留於這大大小小的夜市之中……走在臺灣的街頭，感覺就像是走進一條時空隧道，古樸的建築與高樓大廈交匯在城市中。每分每秒，臺北這座城市潛移默化的影響著在這裡生活的每一個人，最重要的是其中中華古老文明與優良傳統的印照之下的人性與品格（路帥，2013）。

陸生在臺灣見到了很多不同於大陸的元素，然而，在陸生的解讀看來，這些好的元素都是臺灣對於中華文化的傳承與發揚，似乎陸生在臺灣找尋到了大陸因經歷文化大革命而斷裂的中華文化，這種在陸生中的重新詮釋不僅使得現實的臺灣與大陸產生了諸多的歷史鏈接，更是延續了陸生心中視「臺灣」為「鄉」情感訴求。

離開家鄉到異鄉，卻感觸於家鄉的文化斷代的傷痕，這不是徐明義才有的思考。和他同齡的吳鋅傑，雖然覺得家鄉杭州在文化保護方面已經很不錯了，開放的西湖，免費的經典，連臺灣節目主持人陶晶瑩都曾經盛讚，在西湖邊的殘木上，還能看到水鳥。但一座裝有電梯的雷峰塔，始終像魚刺一樣，如鯁在喉，大煞風景。（黃重豪等，2013）

> 總體可以歸結為對另一版本中華文明的探知，對籠罩神秘
> 色彩土地的探尋，這是我來臺的動力之源⋯⋯臺灣吸引人
> 的不止美食與美景，更有人情味帶來的尊嚴，我發現純粹
> 的中華文化在臺灣，或許，它才更映襯中華這兩個字。（劉
> 二囍，2013）

　　這種對於臺灣經驗的詮釋與解讀，在陸生群體中屢見不鮮，把在臺灣所看見的好產生的傾慕與對比，自然地進行情感的鏈接，更是加強了對於臺灣作為「鄉」的喜愛，把不同社會間的差異視為中華文化傳承上的不同，在臺灣看見中華文化的發展的同時，也瞥見了大陸漠然於中華文化的失落，幾種情緒交雜在一起，在陸生的生活經驗裡，也開啟了陸生對於兩岸、關於自己以及臺灣的思考，然而卻始終脫離不開其背後的「鄉」情。

> 當寒假開始，陸生開始返回各自的家鄉，卻不知道何處才
> 是故鄉。法國里昂大學東亞學院博士生伊明，曾兩次來來
> 臺灣做數個月的研究，他從臺灣回大陸時，著陸在上海浦
> 東國際機場，一出機艙，看到陰霾的空氣、吵鬧的都市，
> 還有似乎從來不會排隊的國人，甚至想直接打包「回去」。
> （黃重豪等，2013）

4.2.2 實為「異鄉」

　　縱使陸生再怎麼一廂情願地希望臺灣是自己的「故鄉」，也無

法忽視他們在臺灣社會所親身經歷的「異鄉」經驗。雖然兩岸都是用中文作為官方語言，但是在陸生看來，臺灣與大陸是被同種語言所分隔的兩個社會。

> 甚至我有時都不好意思開口講話，因為我一口字正腔圓的普通話在這裡聽起來更像是方言。（蔡博藝，2012）

統獨的政治立場是陸生經常遭受到臺灣人詢問的議題，有時候甚至不得不被迫表達立場，這對於陸生而言並不是一件簡單的事情，陸生的「中國」認同裡包含了臺灣，如果如實作答往往會招來不友好的攻伐，所以陸生幾乎不願意與臺灣人談論這一塊，但是這一議題卻在臺灣社會一直牽絆著陸生，使其常常感受到臺灣熱情裏面的排斥。

> 我來文化大學之後，因為是學歷史的緣故，我就選了一門關於史地的通識課，有一次老師居然公然地論述起「臺灣自古以來不屬於中國的一部份」，好幾個陸生覺得他的論述都很牽強，都聽不下去，索性就退選了，我倒是很好奇他接下來會如何講，想聽聽不同的聲音。可是後來我聽聞老師私下跟班導嘀咕說，「那個陸生就是不走怎麼辦……」，誰知道後來期中考試給他將了一軍，第一道題目就像針一樣刺入眼睛，試從中國的史料中找出證據，證明臺灣自古不屬於中國的一部份，一題就占掉了四分之一的分數，這不是要違背自我，讓我自己人格分裂嘛！（訪談人6）

這樣的案例在陸生中屢見不鮮，另一位陸生在環島過程中也曾偶遇一位老人，原本熱情洋溢噓寒溫暖，在得知其大陸學生身份之後，詢問「你覺得兩岸統一可不可能」，兩人後因意見不合而不歡而散。

除了在統獨政治議題上的表達之外，陸生在臺灣的日常生活中更多地是聽到對於大陸的以偏概全，不僅僅是臺灣的媒體，也存在於臺灣生活中的一些個人身上，這種對大陸人「素質低下」、「沒有公德心」、「文化低落」等刻板印象的表達都時常讓陸生很不自在，卻又不敢發聲抗議，選擇隱忍吞聲，更讓其感受到這個社會的隔閡。

> 有一次我去康是美買面膜，就聽見旁邊有一位阿姨在詢問服務員的建議，服務員好心地給她推薦了一款面膜，覺得很適合她需求，她跟服務員說，「這不會是大陸來的吧？大陸來的都很恐怖，沒有保證，都不知道加了什麼東西進去。」當時我在一邊聽得很不舒服，就覺得她太以偏概全了，覺得大陸都沒有好東西的樣子，有本事她就完全不用大陸的東西。（訪談人7）

> 在「傢俱設計」課堂上簡報時，每張投影片都以圖片呈現，只有最後一張出現兩個字：「謝謝」。不過因為部首的「言」打成了簡體字的「讠」，竟當眾被老師奚落：「我還以為你們大陸生都進化了，開始寫繁體字。我覺得繁體字還是漂亮些。」頓時在場的陸生都感覺被貼上了「醜陋」、

「未進化」的標籤。不一會兒老師果然察覺到台下閃爍著不悅的眼神，這才趕緊自圓其說：「我並不是……其實大陸的學生，其實都還好啦！」（劉峰，2012）

由於共產國家的印象過於鮮明，大陸學生在臺灣人的印象裡總是「坐困愁城」，來到臺灣則是「投奔自由」。臺灣同學往往帶著同情的語氣道：「你們是不是人人都讀毛語錄？」聽慣這些奇哉怪也的問題，劉莫同學倍感無奈，只能解釋道：「不會的，不會的，不要這樣想。」吳鋅傑也感歎：「在大陸說錯話是不是會消失，對我們現在來講，已經是很可笑的問題。」另一方面，靜宜大學一位老師在課堂上向同學繪聲繪色地描述大陸人民不能自由信仰宗教，說的酣暢之際，突然問起班上有沒有大陸學生。幾位陸生舉了手，老師指著他們說道：「你們可以幫我佐證了！」雖然陸生極力反駁，但老師仍然堅持己見。其中一位陸生終於忍無可忍，反唇相譏道：「你講完沒？講完我要走了！」說著憤而離席。（黃重豪等，2013）

這些生活上遭遇的以偏概全的誤解，都無時無刻在提醒著陸生「這裡並非是你想像的家」（訪談人1）。身為大陸人的標籤，在臺灣社會中是獨特的一類人，陸生在這裡生活很明顯可以感受到社會對於他們與本地人的劃界和區別對待，不管陸生是保持著對於臺灣如何的熱情與好感，都難以掩蓋臺灣社會給予陸生的這些排斥感，總是讓陸生在這個想像中的「鄉」裡感受著「國」的

差別，這是讓很多陸生最為掙扎與困擾的地方。

> 幾個回合下來，臺生和陸生差點在球場上打起來。張一童幾次帶球過人後，對方換上一位個子高大的球員，從身後把張一童撞到，「故意的！」他說。張一童說自己的經歷並非個例，曾有另一位大陸交換學生在水球比賽時與臺灣學生起了爭執，對方在盛怒下以臺語辱罵：「把大陸人趕回去！」（黃重豪等，2013）

> 我過年回去（大陸）過年，想說帶點我們那兒的特產給我（臺灣）女朋友家人，他們看了就說他們不敢吃，怕不乾淨，我雖然沒說，可是心理特別委屈。（訪談人7）

「我一直覺得我們都是同樣的人，中國人」（訪談人2）的「故鄉」情，相對於生活中所遭受的一些排斥，以及臺灣人對於大陸的另類見解深深地感受到這片土地「並不是我想像的那樣」（訪談人2）的「異鄉」情，陸生在情感上是掙扎的，使得這種「鄉」情變成了一種「鄉愁」。很多陸生如董心成一般，雖然來臺的時候就做好了心理準備，但是初抵臺灣，聽見人人稱呼他「中國來的」感到很不舒服，因為自小的意識就是「臺灣是中國的一部分」，跟臺灣人談到這個問題也免不了一場不歡而散的唇槍舌戰。隨著在臺灣待的時日變久，以及學習生活的需要，不斷地與臺灣社會進行互動，陸生又開始變得如劉莫同一般，覺得一切從陌生變成了熟悉，開始有意無意在聊天的時候會說起「我們臺

灣」云云，可是這又常常遭到同學的打斷，「喂喂喂，誰跟你我們
臺灣啊！」

> 我心理一直很納悶，我就覺得我周邊的臺灣朋友都很好
> 呀，可是又感覺臺灣社會是不歡迎我們的，人跟社會之間
> 掛不上勾，按理說社會是又這些人組成的，這中間肯定是
> 哪裡出了問題，反正我已經不想管那麼多了。（訪談人7）

> 靜宜大學一位陸生甚至用「假」來形容臺灣同學，「就是客
> 氣裡面帶著一絲尊敬，並不是那種把你當朋友。」米麗曼
> 一開始也被臺灣人的熱情給嚇著，日久卻發現似乎不是那
> 麼一回事，「說不上來是表面熱情還是……就是很難打得很
> 熱……在大陸是打熟了以後，跟你上刀山跳火海都OK，
> 就是掏心掏肺。這邊就是很奇怪，很熱情，大家一起聊天
> 也很開心，但是感覺只到了一半，到下一半的時候就很困
> 難了。」（黃重豪等，2013）

Chapter 4　「鄉」與「國」交織

Chapter 5

「利」與「情」糾葛

以前，一廂情願愛臺灣，
雖然愛得不清不楚；

現在，五味雜陳看臺灣，
但是心裡開始思考。

　　關係在華人的社會生活中具有十分重要的作用。在研究
華人的社會行為中，何友輝（Ho, 1998）最早提出以「方法論
的關係主義」的取向，認為社會現象的事實與原則不可以化約
到簡單的個體知識上，需要把群體中的關係考量進去。費孝通
（1947/2011）在研究中國的鄉村過程中提出「差序格局」的理
念，他認為，在差序格局中，社會關係是逐漸從一個一個人推出
去的，是私人關係的增加，社會範圍是一根根私人聯繫所構成的
網路，我們傳統社會裡所有的社會道德也只在私人聯繫中發生意
義。這與歐美國家的基督文化傳統及其不同，從基督文化中發展
出來的「國家」就是一個明顯的也是惟一特出的群己界線，人們
像一根柴捆在一束裡，他們不能不把國家弄成個為每個分子謀利
益的機構，於是他們有革命、有憲法、有法律、有國會等等；而
在我們傳統裡，群的極限是以家為中心延伸出去的「天下」，國是
皇帝之家，界線從來就是不清不楚的，不過是從自己這個中心裡
推出去的社會勢力裡的一圈而已，所以可以著手的，具體的只有
己，克己就成了社會生活中最重要的德性，他們不會去克群，使
群不致侵略個人的權利。

　　「關係」，把差序格局中的人與人緊緊相扣在一起，並且成為
華人社會裡為人處世的標準，以己出發，距離越近的關係越親密，
如父母妻兒，距離越遠的關係越疏遠，甚至形如路人，根據每個人
與自己的關係遠近親疏，影響著我們對彼此的對待方式。「關係」
是在華人的社會行為研究中具有不容忽略的重要意義，關係是深入
理解中國社會結構的基本概念（喬健 , 1982），華人常常會用不同的
標準來對待和自己關係不同的人（金耀基 , 1980; 楊國樞 , 1993）。

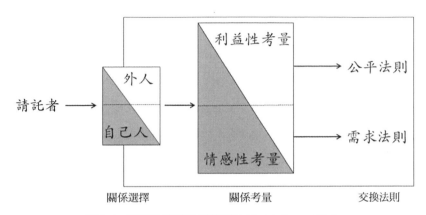

圖 5-1　資源分配者的心理歷程（修改自 Hwang, 1997）

　　黃光國在華人關係主義的研究基礎上，把文化系統納入到考量範圍，並且整合出「人情－面子」的含攝文化的理論，把社會互動的雙方界定為「請託者」和「資源支配者」，根據雙方互動的過程和關係的遠近親疏可以將關係考量分為以公平法則取向的利益性考量和以需求法則取向的情感性考量；情感性考量通常是用在個人和自家人之間的關係性策略，利益性考量則是個人為了獲取某種資源和陌生人所建立的關係策略。

　　在華人的人際和諧與衝突化解模式的研究中發現，在文化理想的層次上的橫向關係時，外團體之間的關係策略必然為某種「利益性考量」，而內團體的關係策略則屬於「情感性考量」（黃光國, 2009），Liu（2011）等人在關於日本人、臺灣人與大陸人在金錢游戲上的信任感的研究中就發現，臺灣人與大陸人的彼此關係並非是對等的，大陸人往往會把臺灣人當做內團體的一份子，但是臺灣人卻不一定，這個研究雖然有考量到兩岸關係中政治與

文化的分歧問題，但是並沒有從政治與文化的兩種脈絡的差異去探討這種關係考量的不對等性。

　　「文化中國」和「政治中國」兩個概念是自冷戰之後因應華人的全球性流動而提出來的哲學論述概念，它們的提出也同時反映了在華人社會中的「中國」認同出現因文化與政治分殊所帶來的調適需求。通過前面章節的分析，我們可以看見，陸生在中國人內團體認定程度上的「夾層」現狀，很可能也是受到文化與政治分殊的影響；而在對陸生的訪談和書寫中則可以看到陸生來臺後的經驗確實處在「國」與「鄉」的情感糾葛之中，這正好從另一個側面反映出：陸生從離開大陸之後，就面臨文化遇到國家疆界分割的尷尬局面。因此，本章將接續前面章節的研究，結合林安梧提出的「中國」三表述——「經濟中國」、「政治中國」和「文化中國」，探討在這三種不同的表述下，陸生如何根據彼此的關係，選擇相應的關係考量，處理兩岸事件，希望從陸生對兩岸關係的策略考量上檢證「中國」三元表述的存在。

　　「經濟中國」是以利益為主要訴求的市場取向概念，「政治中國」是以主權概念為中心的現代民族國家概念，而「文化中國」則強調的是以中華文化為紐帶的傳統家國概念；但是「文化中國」和「政治中國」作為「經濟中國」的關係基礎，都會影響到「經濟中國」下的關係考量。對於未跨境來臺的中國學生而言，由於「文化中國」與「政治中國」是同一的，臺灣均是作為一個自家的概念而存在，而對於跨境來臺的陸生而言則很不同，在「文化中國」上雖然能夠維持原有的一致性，但是在「政治中國」上卻開始意識到兩岸一邊一國分治的現實狀況，因此出現了

「文化中國」和「政治中國」的分殊，已經不是「自家／外家」二元概念所能夠概括。在前一章中也可以看到在關係判斷上陸生處於上下兩難的處境，因此在「經濟中國」上的關係考量會比中國學生來得矛盾。所以，來臺陸生在「經濟中國」與「政治中國」上利益考量會增強，而在「文化中國」上維持情感考量。

因此，本書將在「政治中國」與「文化中國」的脈絡，來重新檢視兩岸關係中這種關係的不對等性，並把兩岸互動過程中的「關係」考量進來，借由「人情－面子」理論來重新分析實徵資料。根據之前的文獻分析，對有跨境經歷的來臺陸生以及有「中國」認同分裂的臺灣人而言，「政治中國」與「文化中國」的分殊具有實質性的意義：在以主權為核心的「政治中國」的脈絡下，大陸和臺灣因分屬不同的不正常的主權國家，因此雙方在界定彼此關係上是屬於外團體，會偏向於「利益性考量」；而在以文化為中心的「文化中國」脈絡下，大陸和臺灣都同屬於中華文化的範疇之內，因此雙方在界定彼此關係上是屬於內團體，會偏向於「情感性考量」；因為在未有跨境經歷的大陸人身上，並未發生「政治中國」和「文化中國」的分殊，這種政治與文化的張力不存在這群體中。對未有跨境經歷的大陸人而言，不論是在政治與文化脈絡上看待彼此關係都會具有一致性，即視臺灣人為內團體，會偏向於「情感性考量」。由此可以得出：跨境來臺的陸生在「經濟中國」和「政治中國」上比未有跨境經驗的中國學生更願選擇與利益性考量處理兩岸關係，但在「文化中國」上並不存在此種現象。

在這裡採用情境故事法，參與者借由閱讀不同的情境故事，想像自己是其中的行動者，進而作出判斷。一般而言，與普通態

表 5-1　各事件類型與內容

事件類型	事件內容
A. 領土	日本登上釣魚台宣示其主權所屬。
B. 經濟	由於遭受經濟危機，我方的部分農產品滯銷將會給農業和農民帶來嚴重的損失，而對方並不生產這部分農產品，一直向歐美國家進口這部分的農產品。
C. 文化	韓國一直以來急切地希望將「端午節」、「中醫」、「祭孔大典」等代表中華古老文化的事物申請世界文化遺產。

度量表或實驗室實驗法相比，這種方法比較能夠顧及情境的脈絡，而且比訪談法或田野觀察法更能夠進行類實驗設計的操弄（Peng, Nisbett, & Wong, 1997）。

　　在這個研究中，「經濟中國」指以利益最大化為考量的市場概念下的「中國」，「政治中國」強調國家主權的現代民族國家制度論述下的「中國」，「文化中國」則指強調中華文化的傳統「天下觀」／「家國觀」論述下的「中國」；因此在本章的情境故事中，將結合現實生活中的事件，選擇涉及兩岸共同利益的政治、經濟、文化三類事件，並且在這三類事件中的潛在外團體均不涉及臺灣或大陸任何一方，分別會日本、歐美、韓國，其中經濟類事件必須是以市場利益為主題，政治類事件必須是以國家主權為主題，文化類事件必須是以中華文化為主題，兩者分別對應「政治中國」與「文化中國」概念，經濟類事件則成為控制組。

　　參與者分別閱讀不同類別的情境故事後作出行為決策，行為決策偏好的測量工具則是根據黃光國的「人情－面子」理論模型的兩種關係取向設計出來的。根據黃光國的「人情－面子」理論模型，情感性關係通常是一種穩定的社會關係，它是以需求法則

進行考量的準則，當對方有幫助需求的時候，通過情感上的同理與連結，自發地提供資源的支援，因此在這個構面上，詢問研究對象「是否願意與對方合作共同完成某事」；利益性關係則完全不同，它是以尋求自身利益的實現為目的，以公平法則進行考量，當對方有幫助需求的時候，會通過付出的代價與獲得的回報的衡量，決定是否提供資源支援，關係是否維持完全取決於交易條件是否有利，這種情況在敵對的外團體中最為明顯（Bond & Wang, 1981），因此在這個構面上會詢問研究對象諸如「只有這樣做對我有利的時候，我才會選擇與對方合作」的問題。

　　在問卷中要求參與者以三個故事主角的立場，評估利害關係之後選擇偏好的行為決策。問卷中的三個故事分別是領土、經濟、文化領域的事件，在每一個故事中，都會詢問參與者在兩種關係考量上的選擇偏好程度，參與者必須在 Likert 五點量尺上評估其程度，量表的最左端標記「非常不同意」，最右端標記「非常同意」，量尺下方則依次標記「1 2 3 4 5」。

5.1 經濟行為下的兩難

　　從圖 5-2 可以發現，不同的學生群體在情感性考量存在顯著性差異；陸生的情感性考量較中國學生低。不同的學生群體在利益性考量存在顯著性差異；陸生的利益性考量低於臺灣學生。

　　就關係考量而言，對於陸生而言，跟中國學生一樣在「經濟中國」的脈絡下有顯著的差異，相較於利益性考量，陸生更願意選擇情感性考量，這與臺灣學生相較於情感性考量更願意選擇利

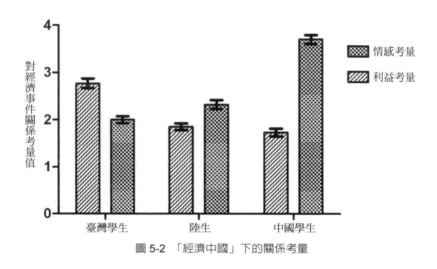

圖 5-2 「經濟中國」下的關係考量

益性考量很不同。

　　陸生在關涉兩岸經濟行為的關係考量呈現兩難的結果，這種現象在來臺達一年以上的陸生中司空見慣。在研究者的訪談過程中發現，一年的時間是一個關鍵的時間點，在這一年的時間內，陸生來臺的經歷與關於留學生的跨文化適應研究結果非常相似。

　　第一個半年，陸生初來乍到，對臺灣具有強烈的好奇心，對於新的社會以及新的事物充滿興趣，雖然會遇到重新適應新生活的挑戰，但是更多地會被臺灣這個新社會的「好」所吸引，不斷地強化或調整對於臺灣的美好印象，「當初選擇去臺灣，是因為本身就是很喜歡，也有著很多的好奇，總有點鍾情，不需要理由的……（臺灣）美得很有感覺，常常惹人深思，小清新與文藝復興的結合」（曹悅，2013），這一點在來臺的大陸交換學生以及自由行年輕遊客身上均能看到。

　　第二個半年，陸生逐步熟悉臺灣社會，開始出現與交換學生與遊客不同的情緒，在看到臺灣社會「好」的一面的同時，必須面對這個社會中「壞」的一面，想像與現實受到挑戰，「臺灣，真的有那麼好嗎？」（胡億陽，2013）成為了眾多陸生心中的理性反思。對於陸生而言，他們慢慢發覺臺灣社會存在著好玩的事物之外，自己在這個社會也成為首當其衝的焦點，有著一些讓他們「難以理喻」的東西，在研究者的訪談過程中受訪人提到最多的便是臺灣新聞媒體對於大陸的誤解以及臺灣政策對於陸生的種種限制。

　　在經歷過這前後的落差以及掙扎之後，進入第二年的在臺生活，這群陸生似乎經過自我的調適慢慢地接納了這兩種對臺灣情緒的存在，「這一年來，我自己經歷了思想感受上的九曲一彎。太多的感觸、思緒、衝擊交雜在一塊，反而成了雜草叢生的局面……初來時的不安，對於周遭各種質疑的抗拒，到漸漸試著去瞭解去感受這片土地」（姚軼俊，2013），這兩種情緒一直此消彼長

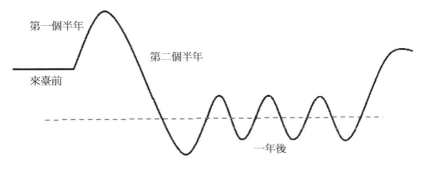

圖 5-3　陸生來臺前後對臺灣社會情緒變化

地共存在陸生身上，在這一部份的經濟事件的行為考量上也印證了此點。

Fiske（1991）認為人類社會中存在的各種關係可以用四種模式加以分類，即「共同分享」（communal sharing）、「平等匹配」（equality matching）、「市場議價」（market pricing）、「權威排序」（authority ranking）[1]。經濟行為追求利潤的最大化，強調市場議價與平等匹配的原則，利益性考量是經濟行為中常見的關係考量策略，因此在此一脈絡下，陸生在情感性考量上遠遠低於中國學生，這一點與臺灣學生是沒有差別的，呈現低情感性考量；然而，我們也發現如果拿利益性考量相比較，陸生在這點的策略選擇又非常不情願，與高情感性考量的中國學生沒有差別，而明顯地低於臺灣學生。從這一點看陸生在「經濟中國」上是矛盾的：情感性考量與利益性考量均不是陸生所願意選擇的，雖然他們更傾向於情感性考量，但是這種考量的意願也低於「3」（不太同意）。

近年來的經濟行為研究發現：雖然在市場行為中以利益考量為核心，但是仍然會受到不同的情境脈絡（Slater & Narver, 1994）以及情感基礎（Morgan & Shelby, 1994）的影響，Takahashi等人（2008）在日本、臺灣和中國大陸進行了一項市場交換的實驗，發現在這三個群體中的市場交換行為會受到信任感的影響，

---

[1] 「共同分享」存在於「自己人」之間，通常這些個體具有一些其他人不具有的明顯相同的特徵，例如家庭、種族或國籍，他們處於共用關係模式中，不分彼此，資源共用；「權威排序」則是按照一特定結構，個體處於不同的相對位置，並進行權威排序，例如長幼有序；「平等匹配」是根據平等互惠的原則達到人際間的平衡；「市場議價」是根據某一公認的標尺來衡量不同東西的相對價值。

而且日本人、臺灣人和大陸人之間的信任感並非是同一的，不論是臺灣人還是大陸人，他們與日本人之間的信任感在市場交換過程中是相互對稱的，符合「平等匹配」的原則，然而臺灣人與大陸人之間則會出現不對稱的現象，也就是說臺灣人與大陸人之間的信任包含了更多的「一廂情願」的成份在裡面。本研究的「經濟中國」下的關係考量結果也再次檢證了這一點，中國學生即使是在講求利益等價交換的市場行為中依舊會更傾向於情感性考量，不同於臺灣學生對於利益性考量的選擇，Liu（2011）認為這可能是因為兩岸之間的特殊歷史因素和意識形態所形成的情感使然。

陸生在經濟行為考量上的兩難，確實是存在歷史因素的影響：兩岸自從 1949 年隔海分治以來，分別在不同制度、理念和意識形態環境中發展，兩岸關係中一直存在「意識形態」掛帥的政治現實；臺灣方面受限於政策長期「反共教育」造成社會的「恐共心態」，而這又與視大陸等同於中共的政治策略混雜在一起，影響了臺灣社會對於大陸的特殊情緒（吳建國，2013）；大陸方面則長期受限於「水火不容」的敵我關係造成兩岸的交流幾乎完全斷絕，而在教育上不斷地灌輸「臺灣是中國不可分割的一部份」的話語論述以提供其政治合法性，八十年代大陸改革開放，臺灣經濟騰飛，其經濟與流行文化深刻影響著大陸人的日常生活，進而造成大陸社會普遍存在對於臺灣社會的美好想像以及特殊的「視如己出」的情感。然而，研究者認為陸生這種兩難現象在歷史因素之外也存在文化價值上的影響，同文同種的連結，都使得陸生本能地視臺灣人為同一群體，「臺灣就是中華文明延續的地方」以及「臺灣是一個比中國更中國的地方」之類的表述在陸生的書寫

中屢見不鮮。因此，「政治中國」和「文化中國」脈絡下的關係考量或許可以給我們帶來更多對陸生這種兩難現狀的理解。

5.2 政治關係裡的尷尬

從圖 5-4 可知，不同的學生群體在情感性考量存在顯著性差異；陸生的情感性考量較中國學生低，但是比臺灣學生高。不同的學生群體的利益性考量存在顯著性差異；陸生的利益性考量高於中國學生，卻低於臺灣學生。

就關係考量而言，對於陸生而言，跟中國學生一樣，在「政治中國」的脈絡下有顯著的差異，相較於利益性考量，陸生更願意選擇情感性考量，這與臺灣學生相較於情感性考量更願意選擇利益性考量顯著不同。

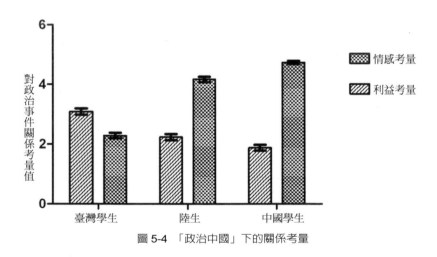

圖 5-4 「政治中國」下的關係考量

陸生在政治行為中的關係考量呈現漢堡式的「夾層」現象，這凸顯了在訪談過程中陸生反覆強調的兩岸中的「誤解」與「不安全」的經驗。研究中使用的兩岸具有共識的釣魚台真實事件作為故事情境，來觀察在這種狀況下陸生是如何來思考兩岸關係。這種政治關係中的關係考量必然會誘發陸生自身對於兩岸現存的政治現實的經驗反思。

「教科書裡的臺灣，是美麗、富饒、遭受長期戰亂的流浪在祖國外面的孩子」（徐旭, 2012）。對於陸生而言，十六年的教育和社會氛圍都告訴他們一個聲音，「臺灣是孩子，中國是媽」（訪談人1），在他們的國家認知中也理所當然地把這個「中國」理解為「中華人民共和國」，因此不難理解中國學生在政治關係上強烈的情感取向。然而，陸生又與這些中國學生不同，他們在情感考量上不再如中國學生那般強烈，這可能是他們在這一關係中的利益考量上升造成的，因為他們在臺灣學習和生活的經歷，讓他們深刻感受到現實中的臺灣與想像中的差異。

陸生的書寫中常常提到這種在臺灣遇見的現實與想像的落差：當在政治臺面上的時候，陸生感受到的是「兩岸一家親」；當在政治臺面下的時候，陸生感受到的卻是截然相反的「彼此有別」。

> 不僅僅是大陸，連臺灣都把我們當成自己人，沒有把我們陸生放在國際事務處，反而專門有個陸生事務組來管理我們；可是當我們辦起事情來的時候，卻全都跟外國人一樣，最簡單的就是坐飛機，明明說好的國內，卻要收國際標準的燃油費，差很大呢。（訪談人7）

　　除此之外，現實的臺灣社會也往往給陸生帶來區隔感，這種感受也不斷地衝擊著他們原本對於臺灣的想像。「在這裡，我們陷入一種尷尬的境地……一個很奇怪的現象是外籍生都是可以申請健保卡，但是唯獨陸生不可以，這種限制讓人有種被針對的感覺」（郭星辰 & 陳書瑜，2012）。陸生來臺就學感受最強烈的無不是專門針對這一群體所設定的「三限六不」政策，想像中的「自家地」卻在這裡遭受到歧視的感覺。

　　在臺灣，大到國家制度，小到貨幣符號，從政治政策到社會氛圍，無不都讓陸生感受到兩岸現實的政治格局。對於他們而言，因為在這裡長時間的學習和生活，融入社會是必然的選擇，因此在這些陸生身上不難看到對於這種現實的承認與尊重，已經不再像未跨境來臺的中國學生那般一味地使用情感考量，但是他們在利益性考量上也未能如臺灣學生一樣。這與陸生的書寫以及訪談的情況同出一轍，在這些資料中可以很明顯的發現：雖然陸生在跨境來臺過程中深刻體驗到兩岸的政治現實，在認知上已經能夠接受兩岸分治的事實，但在情感表達以及話語論述上依舊不願意使用「國」的概念，而是使用「鄉」的概念作為替代。

　　有趣的是，這種政治的現實在陸生身上往往會有另一番的「中國」詮釋。「如果要換一個比喻，我想將臺灣比喻成鏡子。一把反身自我，尋找中國的鏡子」（徐旭，2012）。不論是面對臺灣的政治體制，還是直接接觸到的意識形態，這些現實在帶給陸生衝擊的同時，更帶給了陸生重新反思「中國該如何走」的思考，重新把臺灣拉回到「中國」的思考架構下。

　　陸生的這種有趣現象同樣的會在海外華人的研究中出現，對於這些離開母國的華人而言，雖然有時候會遇到政治身份衝突的情況，甚至在必要時以國籍宣示對在地國的效忠，但是同為華人的認同是不言而喻的。

　　「政治中國」的概念強調的是以現代民族國家制度建立起來的國家疆界，它是以帶有強烈民族主義色彩的「國家／社會」形態作為基本假設（Andreas & Nina, 2002），在這一套制度話語下的關於國家與社會的劃分都深刻地帶有後殖民主義的烙印，因此越來越多的移民研究發現，在民族國家制度下的疆界常常使得移民們處於政治矛盾以及想像與現實的衝突之中（Clifford, 1994）。

　　林安梧（2013）也指出：「政治中國」並非是穩固的實體，它會依隨著政治格局的變動而產生變化。從古至今，中國經歷過多次的朝代輪替，疆域也變動不居，古今的國家疆域的劃界方式也不盡相同，就這個層面看，「政治中國」本身就是一個具有異動內涵的概念，國家身份的歸屬亦是會隨著政治話語論述的不同而不斷變化。陸生所經歷的兩岸現狀亦是在現代民族國家視角下的產物。

　　然而，Siu（2001）在對巴拿馬和美國海外華人的公民身份研究中發現，這些海外華人與其他的移民不同的一點在於對「鄉土」的情節，他認為這是一種來自文化上的接連紐帶。從陸生的書寫與訪談中也可發現同一現象的存在，「彼此略帶感慨和謹慎地打量對方，迫切而又克制地詢問心中的疑問，同樣的文化和血緣即使是初次見面也能有親切感」（郭星辰, 2012）。

5.3 文化思考下的異域

從圖 5-5 可以看出不同的學生群體在情感性考量存在顯著性差異；陸生的情感性考量較中國學生低，但是比臺灣學生高。不同的學生群體在利益性考量存在顯著性差異；陸生的利益性考量低於臺灣學生，但與中國學生沒有顯著差異。

就關係考量而言，對於陸生而言，跟中國學生和臺灣學生一樣在「文化中國」的脈絡下有顯著的差異，相較於利益性考量，陸生更願意選擇情感性考量。

在面對文化議題時，不論是中國學生還是臺灣學生，關係的考量都具有一致的傾向，都更加願意使用情感性考量。從這一點而論，兩岸的學生群體在文化上都彼此認同「中國」元素，

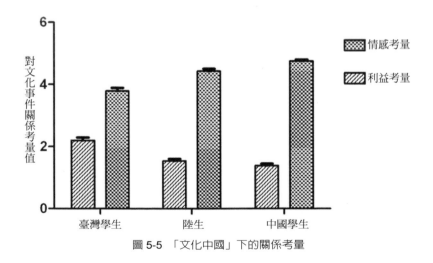

圖 5-5 「文化中國」下的關係考量

陸生也在這一趨勢之中。從結果來看，雖然陸生在利益性考量並未有別於中國學生，但是他們在情感性上的考量明顯地低於中國學生。這一點是與臺灣學生的情況很不相同，臺灣學生雖然也呈現情感性考量次於中國學生和陸生，但是他們在利益性考量上卻高於後兩者，這可能是因為他們的利益性考量上升致使情感性考量下降產生的「此消彼長」的現象，這在陸生的身上則沒有同一現象，這一點也與陸生在「經濟中國」和「政治中國」中的關係考量表現很不同：不論是在「經濟中國」還是「政治中國」的關係考量上，陸生都存在兩種關係考量「此消彼長」的現象，而在「文化中國」上並不同然。也就是說，從文化的角度而言，陸生即使沒有把臺灣人當做外人，使用利益性考量彼此關係，但是臺灣人在他們心目中也不再是想像中跟自己一樣的人，所以會看到情感性考量的下降。如果以「家」作為比喻，在陸生看來，臺灣不再是想像中同在一個屋簷下的「家」，它更像是彼此在身為同族卻有些不同的「異鄉」，但這又不至於到彼此有別的「他國」。在這裡，再一次印證了陸生在書寫中的「家」與「國」的糾葛，這與陸生如何解讀臺灣息息相關。

陸生理解臺灣，喜歡在「中國」的歷史脈絡下解讀。究其歷史，臺灣的大大小小的事物都脫離不了「中國」的歷史背景，從這點而論，臺灣一直都是陸生眼中的自家人。

> 看到民居的門口有紅紅的對聯，「天增歲月人增壽」、「春滿乾坤福滿門」，何等親切……在國文課本上看到課文〈孔乙己〉、〈項脊軒志〉、〈左忠毅公逸事〉等等，何等熟悉……

　　參觀孔廟，重新認識裡面供奉的歷代先賢與先儒……（在臺灣）沒有一點孤獨、飄零的感覺。（郭志成，2013）

　　「我們擁有同一代祖先，傳承的都是中華傳統文化，我們的生活方式、傳統節日，包括傳統信仰都有很多相似之處」（王茜，2012）。很多陸生除了在臺灣看到傳統中國文化的符號，也從臺灣的生活設施以及人際交往中感受到臺灣是「一個溫情的社會」，陸生對臺灣文明自內心而發的「驚異和敬意」（邱紹棠，2012），往往又會被他們拿來與大陸相比較，把臺灣視為中華文明發展的另一個傳承的地方。「（臺灣）是一個傳承著中國近代歷史走下去的地方，是一個有文化的地方」（黃瑷琿，2012）。

　　長久以來，不僅是大陸教育讓陸生們從小就開始認知「臺灣是中國的一部份」，而且臺灣社會對於大陸的影響也使得陸生們深刻感受到日常生活中的臺灣元素。從流行音樂到文學作品，從臺灣奶茶到綜藝節目，對於很多陸生而言，臺灣一直都不是一個陌生的「地方」，甚至所有這些都不斷地深化了他們對於臺灣的美好想像與情愫。

　　12 歲：在我眼中，你（臺灣）是一個用流行音樂、偶像劇和少女小說構築起來的世界……16 歲：你是我一筆一劃認真寫下的夢想……19 歲：我終於踏上你的領地，看到你的面容，終於，不再用拼命的想像。（胡億陽，2012）

　　一首《鄉愁》，成了我最初想像臺灣的船票。我和我身邊的

> 小玩伴們，都愛余光中那樣的中國韻味，古典、儒雅，而
> 且將漢字的韻律發揮得比徐志摩還好。後面接觸到更多臺
> 灣作家，三毛、龍應台、痞子蔡、李安……，我儼然已經
> 很熟悉臺灣了。（徐旭，2012）

　　對一些陸生而言，臺灣更是第二個家，他們在這裡找尋到了
自己親人，在這裡發現了家鄉話，在這裡他們有著這些臺灣親人
的關懷，他們也從臺灣親人口述歷史中找到了情感的連結。正如
來自廣東梅州的客家人胡俊鋒（2013），在臺灣找到了客家的大本
營，甚至找尋到他的同宗親屬，客家同鄉會甚是照顧他，他也從
這些客家同鄉老人中彌補了兩岸分治後發生在他們身上的故事。

> 在濕漉漉的龍潭中央街上，老人拄著枴杖，一步步挪著
> 帶我去看了兩位同樣來自山東即墨的老人……在離開之
> 前，他們都一再叮囑我，多打電話回來，有時間就來家裡
> 吃飯。也許，我的臉上寫著「家鄉」兩個字，我的青島話
> 帶著「家鄉」的親切，與他們遠在海峽那邊的親人是一樣
> 的。（孫雯雯，2012）

　　在這種熟悉下面也藏存著一絲的陌生，正如張昊（2012）
所記述的，小到臺幣的設計，明明錢幣上面的人物都是如此的熟
悉，但是當他們出現在流通中的貨幣的時候，有些許感到陌生。

> 我最近越來越覺得，融入一個文化實體、融入一個社會並

不是一件簡單的事。臺灣社會雖然亦屬於華人社會，然而它卻已經和中國大陸非常不同了，我們對於這個新的社會有多麼瞭解是一回事，而真正地融入它其實又是另一回事。（夏逸平，2013）

夏逸平點出了來臺陸生與其他大陸來臺的交換學生一個很大的差別，即對陸生而言，除了感受臺灣的文化之外，他們還需要面對融入到這個社會的難題。面對臺灣，陸生的情感是有趣的，他們並非像匆匆的過客，領略了一番臺灣的美好便匆匆離去，他們看到的是更為多元全貌的臺灣社會。

我漸漸地發覺，來臺一年以上的陸生和來臺的交換生對於臺灣的看法有著很不一樣的地方。來臺的交換生大多為臺灣唱著讚歌，小吃多麼的好吃，風景多麼的美麗，社會多麼有人情味。這些當然也都沒錯，然而他們卻沒有看到臺灣社會如今深藏的危機，居高不下的失業率，逐漸墮落的大學精神，被漸漸強暴的自由民主，還有飽受詬病的媒體。然而，我作為一個「他者」，一個外人，卻依然心繫著這片土地，我真心的希望它可以變得越來越好。（夏逸平，2013）

陸生是可愛的，在臺灣常常扮演者自作多情的「他者」，雖然這是一個視陸生為外人的地方，但是陸生卻理所當然地把臺灣的事也當成了自己的事。這是一種飽含「家」的意味的「異鄉」情。

　　有趣的是，陸生在經驗到臺灣的「異」的時候存在著兩種不同的詮釋，當這個「異」來自於「好」的方面，陸生習慣性地會把它視為「中華文化」下的傳承，但是當這個「異」來自於「壞」的方面，陸生則傾向於在政治鬥爭的歷史中尋找理解的資源。

　　詢問到陸生對於切身所遭受到的來自臺灣政策的區別對待，陸生往往會把其歸因到臺灣特有的民主制度，「在臺灣待久了，就覺得三限六不是可以理解的，這種東西只是藍綠兩黨相互妥協後的畸形產物罷了」（訪談人 5）；陸生不僅在政策上可以感受到對其的另類對待，也同樣在新聞媒體中常會領會到對大陸社會的誤解（章廉，2013），對此陸生常常會歸結於國共兩黨的敵對歷史以及意識形態的隔斷；陸生在與臺灣人的日常交往中也能體會到臺灣學生身上的低「中國」認同，甚至不認同自己是華人（曹荻雨，2012），剛開始陸生對此都會表達極其的厭惡之情，但是隨著時日變長，日本殖民統治的歷史以及臺獨教育的出現都成為陸生理解這種認同的資源，「日本人統治臺灣五十年，對他們多好，我在南部遇到一些老人，都不會講國語，也聽不懂，但是日本話就完全沒問題」（訪談人 7），「解嚴之後，綠營的人不斷鼓吹臺獨教育，你想想接受這樣的教育長大這批人正好就是咱們差不多年齡，所以這麼一想就覺得臺灣學生蠻可憐的，失去了根的一代」（訪談人 2）。

Chapter 6

認同衝擊

你說，你是台灣人，不是中國人？

那，我的中國人在哪裡？

　　在第三章關於內團體認定上，發現對於兩岸關係的判斷上認為是內團體關係最為強烈的是未跨境來臺的中國學生，陸生已經和這些中國學生在這點上有了顯著的不同，「中國人」內團體認定程度上弱於中國學生，這與其他離開大陸的海外華人一樣，陸生與這些中國學生變得不再相同，其差異點在於中國學生不必去思考自身身份的問題，而陸生的處境使得他們必須去面對這樣的議題。

　　在第四章的質性研究中可以窺見，陸生的臺灣經驗使其體驗到「陸生」標籤／身份的複雜性，在此隱隱約約出現了多元的「中國」認識的交相影響，抱持著都是「一家人」情愫的陸生，初來乍到迎面而來的是現實臺灣的好與壞，因著學習生活的需要，隨著時間加長，陸生選擇融入臺灣社會，卻迎面受到兩岸政治局勢的挑戰，不僅來源地的大陸甚至是臺灣社會都對其忠誠性產生了質疑，「我是誰」以及「中國應該如何界定」成為了陸生反思的議題。面對臺灣社會對於陸生的偏見、誤解等劃界區隔待遇，陸生在面對臺灣人的時候，其「中國」和「陸生」的身份標籤都使得他們必須思考自身的身份問題。在文化上，陸生一直把臺灣視為一個同樣具有「中國」原鄉的群體，或是一個處於地緣「中國」之外的具有血緣關係的使用同一符號語言的群體；然而在政治上，文化與血緣都被消解在認同中，「陸生」作為臺灣社會給予的特定身份名稱，就已經反映出臺灣社會對於這一特殊群體的劃界，在這一標籤下伴隨著的期待與偏見並存。

　　在第五章的情境擬實驗研究中分別在「政治中國」、「經濟中國」和「文化中國」三個脈絡下觀察陸生、中國學生、臺灣學生

在兩岸關係上的考量差異，陸生雖然在不同脈絡下的關係考量形態與中國學生相近，較利益性考量都更偏好情感性考量，但是其情感性考量的程度都已經有別於中國學生，這很大程度上是因為陸生的利益性考量偏好較之於中國學生已經提高，在利益性考量上的偏好接近臺灣學生，這種「夾心」狀態凸顯了陸生對臺灣社會情感的「鄉」與「國」的張力。

6.1 以陸生為主體的「中國」詮釋

「中國」，對陸生群體而言，不是只有國籍的意涵，也包括了「家」的意義，但是隨著陸生的跨境來臺觸碰到兩岸特殊的歷史、社會以及政治生態，他們對於「中國」即使說不上重新的認識，也有了重新的反思。

One face, many masks（Tong & Chan, 2001）正是跨境經驗帶給陸生「中國」多元性體驗的真實寫照。「文化中國」對陸生而言具有實質性的意涵，是理解中國及其華人生活的基礎，在這個意義上，陸生的「中國人」身份表述具有同一性；「政治中國」是造成陸生「中國人」身份困擾的重要因素，跨境經驗帶給陸生文化與疆界的衝擊，雖然國家疆界已在提醒陸生：在現實的政治疆域中，臺灣並非其想像的那樣是「中國」的一部份，但是仍舊深受文化的牽絆。「經濟中國」是一利益取向的市場概念，但是卻受到「文化中國」與「政治中國」的認同影響，在這個層面上陸生糾葛在情感與利益考量之間。

6.1.1 陸生是臺灣人眼中的「尷尬」

開放陸生來臺被兩岸關係的學者視為自國民黨重新恢復執政黨地位後，兩岸關係暖化的一大重要表現。但是陸生來臺求學生活首當其衝的，便是面對深受兩岸歷史影響所形成的當下臺灣社會「大一統」與「獨立臺灣」多元意識共存的結構。因此在第四章的質性研究中既可以看到陸生感受在臺灣所受到的熱情禮遇，也同時受到臺灣的區隔對待以及偏見誤解，前者增進了陸生對於臺灣的「鄉」情的同時，後者卻不斷提醒陸生臺灣社會的「國」情。

6.1.2 陸生的臺灣「異鄉情」與「異國情」

陸生在第三章的「中國人內團體認定程度」處於夾在中國學生與臺灣學生之間，在第四章的政治與經濟脈絡下，可以很明顯地看出：這是陸生在處理兩岸關係時利益性考量偏好程度開始高於中國學生造成的。也就是說，陸生較之於中國學生接受臺灣人作為「外人」的程度上升，這也應證了第四章的質性資料結果，陸生來臺之後確實發現：兩岸關係在實際層面並非之前想像中的屬於「國內事務」，反而是以「國際事務」的方式在處理，這種強烈的經驗，加之面對臺灣社會對於陸生的區隔待遇，使得陸生不得不開始接受「兩岸分治」的現實；但同時在質性材料中也發現，雖然「異國」經驗諸多，陸生卻不論是書寫還是論述上，都不願意使用「國」的概念來表達這部份經驗，而是使用「異鄉」

來重新詮釋這些經驗,這也在第五章的量化結果中得到印證,發現不論是在政治、經濟、文化的脈絡下,陸生在兩岸關係的處理上都會優先進行情感性考量,雖然它的程度已經較中國學生低。這也再次凸顯出:臺灣社會的特殊歷史與社會生態給予陸生帶來身份上的衝擊,其對「中國」身份的再反思呈現「國」與「鄉」的分殊與張力,文化是維繫陸生看待兩岸為「一家」的最後一根稻草。

6.2 疆界與文化

　　本書最重要的發現在於,藉助陸生在臺的「國」與「鄉」的分殊與張力思考兩岸特殊的歷史與社會格局給予兩岸關係所帶來的影響以及多元「中國」的理解。從歷史上看,國家的疆界是處在不斷的移動狀態中,各個王朝分分合合是常有的事情,歷代王朝中央政府所控制的空間邊界,更是常常變化,但在文化意義上而言,「中國」卻是一個相當穩定的「文化共同體」(葛兆光,2012)。中文詞彙中的「國家」,古時是可以被拆解的兩個詞,即「國」與「家」。「國」與「家」具有同構性,因此在中國文化裡常把「國」與「家」並列,如古來聖人先賢「修身,齊家,治國,平天下」的追求,這是在以血緣及文化為傳承的「天下觀」視角下的國家,其疆界是浮動不確定的,而是以邊陲來定義中心。

　　放在這一脈絡下,陸生對於臺灣的「鄉」情便可以得到理解,這種「鄉」情是一種「家」的情感寄託,雖然彼此有相異之處,但是在文化的情感上卻是「一家人」。到了近代民族意識的

抬頭以及民族國家的發展，國家則開始以民族和地緣為界進行劃分，但是臺灣與大陸的特殊格局又不全然因民族國家而分治，而是受到冷戰意識形態分庭敵對的影響使其分開，因此造成同一文化的族群被政治之手生硬地切開，所以「中國」意涵在當代的國際關係中變成了多元的概念，沒有跨境來臺的中國學生，由於其「中國」身份並沒有受到臺灣現實的衝擊，而沒有形成陸生政治與文化上的張力現象。

6.3 從文化衝擊到認同衝擊

陸生在臺的跨境經驗所帶來的「國」與「家」的張力，以及在政治與文化上的分殊，這是跨文化領域中較少討論到的現象。跨境經驗的研究中，最有名的是文化衝擊（culture-shock），我們往往會把跨境過程中接觸異文化的差異感受稱之為一種文化衝擊，然而陸生在臺灣的跨境經驗雖然有文化衝擊的部份，但是還有更多非文化衝擊的內容。

從陸生在臺灣的模糊定位來看，這種兩岸關係下的陸生局面已經註定了陸生所經歷的絕非文化衝擊這般簡單。在跨境經驗的分類上，我們往往會把跨境的人群分為旅行者、暫居者（包括國際學生和商業人士）、移民、難民。之所以如此分類，不僅僅是因為這四種跨境人群在非母國所停留時間長短有別，也考量到這四種不同類型的人群在他國所處於的地位和社會角色。在這四種分類中，陸生更為接近暫居者，在臺灣停留的時間超過一半的旅行者，卻又並非移民能夠久居於此，但是它卻不是暫居者所能涵括

的範圍，因為在這裡陸生又帶有移民的意涵在其中。移民與暫居者的最大區別在於公民身份，而陸生在臺灣的特殊定位，讓它的國際性變得似是而非，這就在一定程度上使得陸生有爭取公民權益的空間。

文化衝擊作為跨境經驗中最為初始的過程，對於四種類型的跨境者而言，都會有這種經歷。然而，當我們從陸生書寫的文本和訪談資料的分析中卻可以看到，這群陸生並非如交換學生的經歷一樣，陸生在經歷到文化衝擊的同時，他們的情緒裡頭有不一樣的詮釋和轉換，而在這裡，研究者認為這是一種可以稱之為「認同衝擊」（identity-shock）的過程。這種衝擊力來自於主體在空間移動過程中，主體本身在認識和理解上產生的自我質疑。在這種空間的移動中，人都會帶著「土生土長」的密碼本解碼新經驗到的地方，透過地方理解地方，通過己所理解異域，似乎在確認「我的位置」；當地人經驗新人的過程同出一轍，他們習慣了原有的秩序，當他們感受到「我的位置」受到威脅時，隨即而來便是排他情緒、頑固偏執。認同衝擊的過程，強調的就是在這個過程中彼此在密碼本差異中尋求解碼的過程，在跨境經歷的過程中，看到建構起彼此密碼本背後的歷史、文化和社會，看到在歷史脈絡和社會結構中的原生認同如何與他者社會的歷史和結構進行重新的調適，這是一個較文化衝擊更為深層結構裡的運作過程。

歷史作為集體記憶的資源，一個群體為了形塑出想像的共同體，它會有選擇地進行歷史篩選，選擇哪些歷史被記住，哪些歷史被遺忘，而這個過程又會重新地回到歷史的過程中，不斷地來回往復，最為典型的例子即是族譜的書寫，只有部份的歷史被

記述在族譜之上，而這些被選擇留下的歷史給世人提供了族群認同的合法性。國家亦是如此。陸生從小在大陸長大，在大陸社會中，不論是接受的教育，還是坊間的閒談，他們耳濡目染，不僅僅社會認同，而且自己也學著認同，一個包括臺灣在內的中國人認同，而這種認同並不會與大陸社會結構現狀相衝突，因此這種認同危機一直都未得到質疑。當陸生開始在臺灣生活，臺灣社會所選擇記述的卻是另一些歷史，陸生在現在的臺灣社會結構裡找不到自己的位置，社會和歷史資源無法為其原來的認同提供詮釋的基礎，反而衝擊著其過去被教育形塑的認同情感，發現原本以為的「自己人」有成為「外家人」的可能性，這種衝擊給陸生帶來的絕非是文化上的反思，更多的是對承載著歷史與社會的認同的審問，「我是誰」與「誰是中國人」的追問。這一過程，則是認同衝擊的表現。

文化衝擊強調的是文化的差異帶來的調適過程，忽略了在這種差異文化下的歷史和社會脈絡。認同衝擊之所以有必要被提出來，即是為了看到這種差異性下的深層結構，尤其是在二次世界大戰結束之後，重新的領土劃分方式導致原有的族群出現了四分五裂的狀態，不僅僅是大陸與臺灣，南北韓以及非洲很多國家，都是在原有同一族群的基礎上因著以地緣為邊界的主權國家的區隔，使得同族分裂以及多族同在的現狀。這帶來的嚴峻挑戰，一是人的群體歸屬變得多樣而複雜，如何去整合這種多重的身份歸屬；二是在國家疆界底下如何調節好多族群之間的衝突。這些都不斷地提醒我們，跨境經驗過程中的認同衝擊需要被看到，它所產生的議題與文化衝擊很不一樣，它在指向多元文化與價值觀的

同時，更希望人們看到歷史與社會的元素。陸生來台的這一系列
家國的情感衝擊正是很好的例證。

Chapter 7

「中國」：多元共存

千萬面皮於一臉，抹吹之間萬千變；

中華上下五千年，歷朝名換體不變；

這就是「中國」變臉。

　　隨著全球化的發展與兩岸彼此瞭解的強化，人們對於臺灣或大陸社會的迷思都將逐漸得到反思與破解。但是在追求現代性的社會裡，強調主權的現代性民族國家體制與強調文化傳承的「大一統」的「天下觀」之間的張力必將逐漸拉大，「政治中國」與「文化中國」的分殊也是兩岸面臨的另一重大挑戰。大陸政府在對兩岸關係處理上始終秉持著「一國兩制」的解決方案，但是從文獻回顧與研究結果來看，這種「一國兩制」方針本身是建立在現代的民族國家體制的假設上，其背後的中心邏輯依舊是國家主權的議題。

　　由於當時影響臺灣社會主流的群體主要由隨國民黨到臺的外省人構成，社會的主流情緒依舊是在「收復失地」的回鄉情緒中，兩岸最大的爭執點在於兩岸的意識形態與制度的不同，「一國兩制」的方針對於冷戰時期的兩岸格局來說具有一定的適切性。

　　然而，隨著冷戰結束，意識形態的敵對的緊張狀態得到很大的緩解，臺灣社會的新世代也開始走上主流的舞臺，兩岸的開放讓更多的大陸人可以跨境來臺，「政治中國」與「文化中國」的分殊也開始在臺灣社會與具有跨境經驗的大陸人身上萌芽，尤其是接受過獨立臺灣意識的世代更傾向從「政治中國」的脈絡下來思考兩岸關係，而「政治中國」脈絡下的最大爭執點已經從冷戰的意識形態與制度轉移到了現代國家的主權議題上，「一國兩制」方針開始變得不具有適切性。因此，從本研究的結果來看，隨著歷史變遷與社會轉型的過程中，有必要對「一國兩制」方針做適當的檢視與反思。

　　重新反思「一國兩制」與「一中各表」則會發現，這兩類表述都是在「政治中國」的脈絡下進行論述的話語，「一國兩制」是

鄧小平在七十年代鑒於兩岸處於意識形態長期敵對的狀況，為解決臺灣問題提出來的設想，並已經落實在處理香港與澳門的問題上；「一中各表」則是進入九十年代後兩岸形成的一種共識，這一個側面說明：冷戰結束之後，意識形態的對立已經得到很大程度的緩解，在全球化的時代如何謀求合作與發展成為了主旋律。「一中各表」雖然都符合兩岸的憲法精神，卻並沒有真正面對兩岸格局的現實社會層面，各說各話，一旦交流起來卻牛頭不對馬嘴，這也是造成陸生來臺之後想像與現實的落差的原因所在。

根據國立政治大學選舉研究中心發佈的重要政治態度分佈趨勢圖（如圖），從 1992 年到 2013 年的追蹤數據來看，雖然臺灣人在認同上對「臺灣人」身份的認同連年高出於「中國人」身份，但這並不妨礙「臺灣人」和「中國人」兩種身份共存，且

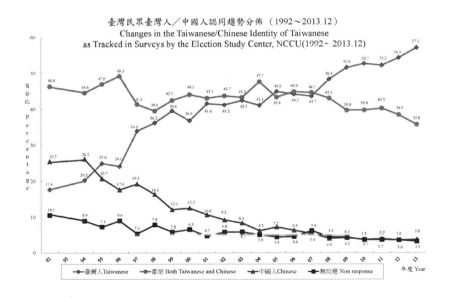

臺灣民眾臺灣人／中國人認同趨勢分佈（1992～2013.12）
Changes in the Taiwanese/Chinese Identity of Taiwanese
as Tracked in Surveys by the Election Study Center, NCCU(1992～2013.12)

這種複雜的認同一直持續在高的百分比上，有很有可能在政治態度的認同之外，文化讓臺灣人有了更多的思考；在第四章的「文化中國」可以發現：不論是中國學生還是陸生以及臺灣學生，文化仍舊是維繫兩岸關係的重要紐帶；在文化的脈絡下，三類群體都願意把對方當成是內團體的一員，使用情感性考量思考兩岸關係，這與政治與經濟脈絡下的考量方式不一樣，如何承認「政治中國」上的分治現實，從「文化中國」上開出解決兩岸關係的方案，不失為契合當下多元「中國」格局的一種新思維。

過去許多關於中國社會與文化的社會學、人類學及心理學研究，由於受限於大陸政府的鎖國政策與冷戰意識形態的特殊格局，多會選擇通過對臺灣地區的社會與文化研究來瞭解中國社會，認為臺灣是研究中國社會文化的實驗室（陳紹馨, 1966）。

從中華民國政府偏安臺灣到李登輝執政之前，臺灣社會的主流認同雖然與中華人民共和國的「中國」在政治層面上有所不同，但這種主流認同與大陸實質上是保持著嚴格意義上的「一中各表」，並沒有存在「政治中國」與「文化中國」的分殊。然而經過近三十年的獨立臺灣意識的政策與教育，使得臺灣社會中的主流認同發生「政治中國」與「文化中國」的分裂，企圖擺脫大中華文化的歷史，來樹立的獨立的臺灣意識，也導致臺灣社會的主流越來越習慣於從「政治中國」的脈絡下來思考兩岸關係，而不再偏好「文化中國」的思考脈絡。大陸地區則相反，雖然遭受三次的文化斷裂，但是傳統的文化依舊在民間社會得到傳承；加上冷戰期間，中華人民共和國藉助國際局勢獲得聯合國的「中國」主權的合法代表，在「政治中國」的話語表述與「文化中

國」的中國認同遂能保持一致。在缺乏對臺灣社會切身的跨境經驗與瞭解的情況下，大陸人依舊保持同一的「中國」認同，未能破除對於臺灣的迷思。本書的研究結果中也表明，在這種不對等的「中國」認同上，臺灣人與大陸人對於兩岸關係的看法也會發生顯著的差異，並不是在任何情況下，都把彼此視為內團體或外團體。

經過三十年的歷史變遷與社會轉型，臺灣社會已經不再是研究大陸社會的良好橋樑，它的社會結構已經帶有了很多獨立臺灣意識的本土色彩（C.-k. Hsu, 1991），在兩岸關係的研究上必需特別注意這種社會文化脈絡的變化帶來的影響；本研究的結果也表明，臺灣人與大陸人在不同的「中國」情境脈絡下，所選擇的關係考量也會有顯著差異，因此在從事兩岸關係的研究中，必須審視「政治中國」與「文化中國」分殊與同一的張力所帶來的影響。

陸生來臺就學，長時間的在臺生活，能夠切身地參與到臺灣社會的互動過程，由於兩岸社會結構的差異性，在「個人認同」與「社會認同」必然會發生重新的調適。本書主要把「個人認同」放在不同「中國」認同的脈絡下來分析陸生在臺參與社會互動過程中的變化，發現這種參與性的跨境經驗確實能夠幫助破解對臺灣社會的迷思，重新反思「中國」身份的意涵。在研究與處理陸生在臺的生活適應上，需要特別注意陸生這種對已有知識的重新反思與調適所帶來的衝擊，他們跟未跨境來臺的中國人有很大的不同，不再沉醉於單一的「中國」解讀，可是他們與臺灣人的成長背景不同，還難以接受企圖去「文化中國」脈絡的分裂的「政治中國」。

　　來臺陸生多為 20-30 歲之間的大學生與碩博士研究生，正處在不斷反思自我與社會的成長階段，他們也將是大陸下一個時代的主力，他們如何因應這種「中國」反思，不僅會影響到他們的在臺的生活適應與個人成長，還可能影響他們在處理兩岸問題上採取的關係考量。從兩岸關係發展的長遠角度來看，開放陸生來臺的政策對於促進兩岸關係的發展，確實具有實質的幫助；但是臺灣社會是否能夠以多元、自由、平等以及寬容的姿態來讓在臺陸生能夠有正向的成長，也將成為臺灣社會開放陸生來臺面臨的重大挑戰。

　　第五章的量化資料來自臺灣學生、陸生、中國學生三類群體，本研究為了集中論述，僅以陸生為中心進行資料的分析，但是在經濟、政治和文化脈絡下，研究者也發現臺灣學生的關係考量呈現非常有趣的結果。在「經濟中國」的脈絡下，雖然臺灣學生的選擇利益性考量的偏好高於情感性考量，但是利益性考量的均值也不會超過「3」（既不同意也不反對），臺灣學生在經濟行為上的考量可能也存在如陸生一樣的兩難情況；在「政治中國」脈絡下，臺灣學生雖然利益性考量依舊高於情感性考量，但是利益性考量的均值也同樣沒有超過「3」，這與陸生和中國學生能夠清楚地選擇情感性考量很不一樣；在「文化中國」脈絡下，臺灣學生的關係考量與前兩種脈絡的考量截然相反，情感性考量高於利益考量，而且在這一點上，情感性考量的均值達到「4」（同意）。可見，在兩岸議題上論述「中國」，臺灣學生可能有著更複雜的情況存在，並不能一概而論，在藍佩嘉和吳伊凡（2011）以及呂家琪和閆鳳橋（2012）關於赴陸臺生的質性研究中也有同一

發現。因此，臺灣學生在多元「中國」脈絡下的關係考量值得進一步探討。

　　不論是赴陸臺生還是來臺陸生，他們都是能夠長期參與到社會互動過程中的跨境經驗的人，但是他們又往往是兩岸社會中的邊緣群體，他們因兩岸關係的特殊性所面臨與經歷的特殊適應議題很少受到學者的關注，但是通過對這群邊緣群體的研究，將更能夠呈現與發現在兩岸關係過程中的特殊性的影響，也將會影響到兩岸關係的發展。但是，由於受限於研究時限與經費等原因，本書並沒有對來臺陸生進行歷時性的研究，這也是可以在後續繼續努力的部份。

致　謝

　　三年來，我不斷與他人互動來思考與書寫「陸生」標籤下的經驗，我學生時代有幸遇到幾位傑出的老師，包括把我帶入人類學田野中的朱健剛教授，不斷激發我思考文化意涵的黃光國教授，讓我看到群體中的團體動力的楊蓓教授，窮追不捨讓我思考區域之於中國的研究意義的鄭伯壎教授，提醒我從「文化衝擊」到「自我衝擊」（self-shock）發想到「認同衝擊」的張思嘉教授。他們在不同方面激發了我，但願其中某些靈感得以展現於本書。

　　我發覺自己日益受惠於各種不同形式的聚會和討論，參與陸生群體、臺灣朋友、外國朋友的聚會中，他們在令人意想不到的各方面，不斷地湧現不同的觀念和視角，在理解的氛圍下，這帶給我多元的養分與靈感，這本書的思考很多都受惠於此。

　　整個研究過程，我都深刻感受到來自陸生群體無私的幫助與支持，正是與他們的對話，不僅讓我得到了很多的共鳴，更讓我看到新的可能與希望。這個研究過程需要徵集 600 多位兩岸學生的參與，有許多的人願意協助我。在此，誠摯地感謝這來自兩岸十五所大學的參與者慷慨的支持。感謝在資料分析過程中，臺灣大學心理系的王立平、胡二華和江俊宏給予了很多的討論和建議，總能夠開拓我的研究視域以及學會新的研究工具，讓我深刻感受到研究團隊與夥伴的重要性。我要感謝鄭詩平在生活上給

予的支持和鼓勵，給我短短的三年臺灣生活留下了最為深刻的印記。最後，我要感謝老朋友秀威出版社，特別是林泰宏和鄭伊庭編輯的鼎力相助。

參考文獻

丸山真男（1997）。《日本近代思想家福澤諭吉》（區建英譯）。北京：世界知識出版社。

王明珂（1997）。《華夏邊緣：歷史記憶與族群認同》。臺北：允辰文化。

王茜（2012）。海峽，隔不斷的愛。見楊景堯（主編）：《大陸人臺灣夢》，頁 73-76。臺北：中華文化基金會。

王賡武（2008）。《南僑求學記：不同的時代，走不同的路》。見李元瑾（主編）：跨越疆界與文化調適，頁 13-28。新加坡：南洋理工大學中華語言文化中心。

韋伯（Weber,M.,1919/1995）。《學術與政治》（錢永祥譯）。臺北：遠流。

竹內好（2005）。《近代的超克》（李冬木、趙京華、孫歌譯）。北京：三聯書店。

吳京、楊蕙菁（1999）。《吳京教改心》。臺北：天下遠見。

吳建國（2013）。兩岸猿聲啼不住，輕舟已過萬重山。見楊景堯、張五嶽（主編）：《大陸學生臺灣緣》，頁 v-vii。高雄：麗文文化。

吳豐維（2007）。何謂主體性？──一個實踐哲學的考察。《思想》，4，63-78。

呂家琪、閆鳳橋（2012）。臺灣學生在北京的社會關係網路分析。發表於高等教育交流與兩岸關係發展學術研討會，臺北。

杜維明（1999）。《文化中國的認知與關懷》。臺北：稻鄉出版社。

周志龍（2001）。跨界經濟、時空的接合與國土再結構策略：亞洲四小龍的再結構比較。《都市與計劃》，461-494。

林安梧（2013）。論「多元而一統」兼論兩岸永久和平之可能──「文化中國」、「政治中國」與「經濟中國」的對比反思。發表於政治儒學與兩岸長久和平，曲阜。

阿爾都塞（Althusser,L.,2003）。意識形態和意識形態國家機器（孟登迎譯）。見陳越（主編）：《政治與哲學：阿爾都塞讀本》，頁 320-375。長春：吉林人民出版社。

邱紹棠（2012）。別以為你是局外人。見楊景堯（主編）：《大陸學生臺灣夢》，頁 77-80。臺北：中華文化基金會。

金耀基（1980）。人際關係中的人情分析。見楊國樞（主編）：《中國人的心理》，頁 75-104。臺北：桂冠。

姚軼俊（2013）。青山依舊。見楊景堯、張五嶽（主編）：《大陸學生臺灣緣》，頁 17-20。高雄：麗文文化。

胡俊鋒（2012）。《台灣，你可以更讚》。臺北：新銳文創。

胡俊鋒（2013）。《以愛之名：旅行的自我療癒》。臺北：九韻文化。

胡億陽（2012）。我的告白信．見楊景堯（主編）：《大陸人臺灣夢》，頁 10-16。臺北：中華文化基金會。

胡億陽（2013）。聊天。見楊景堯、張五嶽（主編）：《大陸學生臺灣緣》，頁 4-8。高雄：麗文文化。

夏逸平（2013）。臺灣，我的第二故鄉。見楊景堯、張五嶽（主編）：《大陸學生臺灣緣》，頁 101-103。高雄：麗文文化。

孫雯雯（2012）。八千里路雲和月，但見朝夕間。見楊景堯（主編）：《大陸人臺灣夢》，頁 27-29。臺北：中華文化基金會。

徐旭（2012）。臺灣的私人想像。見楊景堯（主編）：《大陸人臺灣夢》，頁 19-22。臺北：中華文化基金會。

馬軍（2012）。《台灣，我不是來玩的》。臺北：白象。

高希均（1992）。大變局，大趨勢，大格局—探討「經濟中國」前景。《經濟前瞻》（28），10-19。

張宏明（1999）。《多維視野中的非洲政治發展》。北京：社會科學文獻出版社。

張昊（2012）。《請問麼零麼在哪裡？一個北京女學生的愛台灣遊學記》。臺北：啟動。

曹悅（2013）。臺灣，陌生，新生。見楊景堯、張五嶽（主編）：《大陸學生臺灣緣》，頁 54-57。高雄：麗文文化。

曹荻雨（2012）。對臺灣的觀察。見楊景堯（主編）：《大陸人臺灣夢》，頁 95-99。臺北：中華文化基金會。

許仟、何湘英（2002）。文化中國的大一統觀念。《南華大學政策研究學報》，2，19-52。

許張逸帆（2013）。臺北二三事。見楊景堯、張五嶽（主編）：《大陸學生台灣緣》，頁 1-3。高雄：麗文文化事業。

許碧份（1996）。組織結構與跨部門衝突關係之研究：營造業之實證分析（未發表之碩士論文）。臺北：國立台灣大學。

郭志成（2013）。記憶中的臺灣：過去、現在與未來。見楊景堯、張五嶽（主編）：《大陸學生臺灣緣》，頁 90-96。高雄：麗文文化．

郭星辰（2012）。記憶斷層。見楊景堯（主編）：《大陸人臺灣夢》，頁 38-40。臺北：中華文化基金會。

郭星辰、陳書瑜（2012）。關於這裡。見楊景堯（主編）：《大陸人臺灣夢》，頁 41-44。臺北：中華文化基金會。

陳紹馨（1966）。中國社會文化研究的實驗室：台灣。《中研院民族所集刊》，22，1-14。

陳爾東（2010）。《從華盛頓到臺北——一位大陸年輕人眼中的臺灣》。臺北：秀威。

華爾納（Wallner,F.,1997）。《建構實在論》（王榮麟、王超群譯）。臺北市：五南。

章廉（2013）。請不要炫耀你對大陸的無知。《旺報》。

喬健（1982）。關係芻議。見楊國樞（主編）：《中國人的心理》，頁 105-122。臺北：桂冠。

費孝通（1947/2011）。《鄉土中國》（第四版）。北京：人民出版社。

黃光國（2009）。《儒家關係主義：哲學反思、理論建構與實徵研究》。臺北：心理出版社。

黃光國（2011）。《心理學的科學革命方案》。臺北：心理出版社。

黃光國（2013）。《社會科學的理路》（第三版）。臺北：心理出版社。

黃重豪、賈士麟、藺桃、葉家興（2013）。《陸生元年》。臺北：秀威資訊。

黃璦琿（2012）。白老鼠過海。見楊景堯（主編）：《大陸人臺灣夢》。臺北：中華文化基金會。

楊中芳（2005）。本土化心理學的研究策略。見楊國樞、黃光國、楊中芳
　　（主編）：《華人本土心理學》，頁81-110。臺北：遠流。
楊宜音（2001）。《自己人》：一項有關中國人關係分類的個案研究。見楊
　　中芳（主編）：《中國人的人際關係、情感與信任：一個人際交往的
　　觀點》，頁131-158。臺北：遠流。
楊國樞（1993）。中國人的社會取向：社會互動的觀點。見楊國樞、余安
　　邦（主編）：《中國人的心理與行為：理念及方法篇》，頁87-142。臺
　　北：桂冠。
楊媛甯（2012）。《一種本土化跨國華人的中國詮釋：以廖建裕的中國思
　　考為例》。臺北：國立臺灣大學政治學系中國大陸暨兩岸關係教學與
　　研究中心。
楊景堯（2012）。《大陸人臺灣夢》。臺北：中華文化基金會。
楊景堯、張五嶽（2013）。《大陸學生臺灣緣》。高雄：麗文文化。
葉春榮（1993）。人類學的海外華人研究兼論一個新方向。《中央研究院
　　民族學研究所集刊》，75，171-201。
葛兆光（2011）。《宅茲中國：重建有關《中國》的歷史論述》。北京：中
　　華書局。
路帥（2013）。我的臺大，我的臺灣。見楊景堯、張五嶽（主編）：《大陸
　　學生臺灣緣》，頁21-23。高雄：麗文文化事業。
趙星（2011）。《從北京道臺灣》。臺北：天下文化。
劉二囍（2013）。《亞細亞的好孩子：一個大陸學生視野下的台灣》。臺
　　北：九韻文化。
劉峰（2012）。繁體字比較漂亮。《旺報》。
蔡博藝（2012）。《我在臺灣，我正青春》。臺北：聯經文庫。
錢穆（1993）。《中國文化史導論》。臺北：臺灣商務印書館。
藍佩嘉、吳伊凡（2011）。在《祖國》與《外國》之間：旅中台生的認同
　　與畫界。《台灣社會學》，22，1-57。
蘇國勛、張旅平、夏光（2006）。《全球化：文化衝突與共生》。北京：社
　　會科學文獻出版社。
《新週刊》主編.（2013）.臺灣最美的風景是人.臺北：華品文創.

Althusser, L. (2003). 意識形態和意識形態國家機器 (研究筆記) (孟登迎, Trans.). In 陳越 (Ed.), 政治與哲學：阿爾都塞讀本 (pp. 320-375). 長春 : 吉林人民出版社.

Andreas, W., & Nina, G. S. (2002). Methodological nationalism and beyond: nation–state building, migration and the social sciences. *Global Networks, 2*(4), 301-334.

Archer, M. (1998). Addressing the cultural system. In M. Archer, R. Bhaskar, A. Collier, T. Lawson & A. Norrie (Eds.), *Critical Realism: Essential Readings*. New York: Routledge.

Baldinger, P. (1992). The birth of Greater China. *The China Business Review*, 18-17.

Berno, T., & Ward, C. (1998). *Psychological and sociocultural adjustment of international students in New Zealand.* Paper presented at the The Annual Conference of the Society of Australasian Social Psychologists, Christchurch, New Zealand.

Berry, J. W. (2005). Acculturation: Living successfully in two cultures. *International Journal of Intercultural Relations, 29*(6), 697-712.

Berry, J. W., & Annis, R. C. (1974). Acculturative Stress: The Role of Ecology, Culture and Differentiation. *Journal of Cross-Cultural Psychology, 5*(4), 382-406.

Bhaskar, R. (1998). General introduction. In M. Archer, R. Bhaskar, A. Collier, T. Lawson & A. Norrie (Eds.), *Critical Realism: Essential Readings* (Vol. ix-xxiv). New York: Routledge.

Bhaskar, R. (2011). *Reflections on MetaReality: Transcendence, Emancipation and Everyday Life.* New York: Routledge.

Bolt, P. J. (1996). Looking to the Diaspora: The Overseas Chinese and China's Economic Development, 1978-1994. *Diaspora: A Journal of Transnational Studies, 5*(3), 467-496.

Bond, M. H., & Wang, S.-h. (1981). Aggressive behavior in Chinese society: The problem of maintaining order and harmony. *Acta Psychologica Taiwanica, 23*(1), 57-73.

Bourdieu, P. (1990). *In Other Words: Essays towards a Reflexive Sociology* (A. Mattew, Trans.). CA: Stanford University Press.

Brislin, R. W. (1981). *Cross-cultural Encounter: Face to face Interaction*. New York: Pergamon Press.

Brown, R., Condor, S., Mathews, A., Wade, G., & Williams, J. (1986). Explaining intergroup differentiation in an industrial organization. *Journal of Occupational Psychology, 59*(4), 273-286.

Chen, L.-c., & Reisman, W. M. (1972). Who Owns Taiwan: A Search for International Title. *The Yale Law Journal, 81*(4), 599-671. doi: 10.2307/795213

Clifford, J. (1994). Diasporas. *Cultural Anthropology, 9*(3), 302-338.

Coelho, G. V. (1958). *Changing images of America: A study of Indian students' perceptions*. Illinois: Free Press Glencoe.

Crane, G. T. (1999). Imagining the economic nation: Globalisation in China. *New Political Economy, 4*(2), 215-232.

Deshpande, S., & Viswesvaran, C. (1992). Is cross-cultural training of expatriate manager effective: a meta-analysis. *International Journal of Intercultural Relations, 16*, 295-310.

Durkheim, E. (1982). *The Rules of Sociological Method* (W. D. Halls, Trans.). New York: The Macmillan Press.

Fiske, A. P. (1991). *Structures of Social Life: The Four Elementary Forms of Human Relations*. New York: Free Press.

Frith, K. T., & Tsao, J. (1998). Advertising and cultural china: Challenges and opportunities in Asia. *Asian Journal of Communication, 8*(2), 1-17.

Furnham, A., & Bochner, S. (1986). *Culture Shock: Psychological Reactions to Unfamiliar Environments*. New York: Methuen.

Gannon, M. J., & Poon, J. M. L. (1997). Effects of alternative instructional approaches on cross-cultural training outcomes. *International Journal of Intercultural Relations, 21*, 429-446.

Giddens, A. (1993). *New Rules of Socioligical Method: A Positive Critique of Interpretitve Sociologies* (2 ed.). CA: Stanford University Press.

Gmelch, G. (1997). Crossing cultures: Student travel and personal development. *International Journal of Intercultural Relations, 21*, 475-490.

Gungwu, W. (1993). Greater China and the Chinese Overseas. *The China Quarterly*(136), 926-948.

Hirst, W., & Manier, D. (2008). Towards a psychology of collective memory. [Review]. *Memory, 16*(3), 183-200.

Ho, D. Y. F. (1998). Indigenous Psychologies: Asian Perspectives. *Journal of Cross-Cultural Psychology, 29*(1), 88-103.

Hsu, C.-k. (1991). The Formation and Changes of Research Paradigm: A Re-Evaluation of 'Taiwan as Laboratory of Chinese Society and Culture'by Chen Shao Hsing. *Chinese Journal of Sociology, 15*, 29-40.

Hsu, F. L. K. (1971). Psychosocial Homeostasis and Jen: Conceptual Tools for Advancing Psychological Anthropology. *American Anthropologist, 73*(1), 23-44.

Huang, L.-L., Liu, J. H., & Chang, M. (2004). 'The double identity' of Taiwanese Chinese: A dilemma of politics and culture rooted in history. *Asian Journal of Social Psychology, 7*(2), 149-168.

Hwang, K.-K. (1997). Guanxi and Mientze: Conflict Resolution in Chinese Society. *Intercultural Communication Studies, 6*(1), 17-38.

Hwang, K.-K. (2006). Constructive Realism and Confucian Relationalism. In U. Kim, K.-S. Yang & K.-K. Hwang (Eds.), *Indigenous and Cultural Psychology* (pp. 73-107): Springer US.

Jaspers, K. (2011). *The Origin and Goal of History* (M. Bullock, Trans.). New York: Routledge.

Kemenade, W. V. (1997). *China, Hong Kong, Taiwan, Inc.: The dynamics of a new empire* (D. Webb, Trans.). New York: Knopf.

Lee, C., & Lee, I. (2006). The Rise of China and Its Implications for Korean Economy. *Taiwanese Journal of WTO Studies*, 155-188.

Lewicka, M. (2008). Place attachment, place identity, and place memory: Restoring the forgotten city past. *Journal of Environmental Psychology, 28*(3), 209-231.

Li, M. (1999). *We need two worlds: Chinese immigrant associations in a Western society*: Amsterdam University Press.

Liu, J. H., Yamagishi, T., Wang, F., Schug, J., Lin, Y., Yu, S., . . . Huang, L.-L. (2011). Unbalanced triangle in the social dilemma of trust: Internet studies of real-time, real money social exchange between China, Japan, and Taiwan. *Asian Journal of Social Psychology, 14*(4), 246-257.

Liu, K. (2004). *Globalization and cultural trends in China*. Honolulu: University of Hawaii Press.

Lu, X., Jia, W., & Heisey, D. R. (2002). *Chinese communication studies: contexts and comparisons*. CT: Ablex Publishing.

Lysgaard, S. S. Lysgaard. *Science, 7*, 45-51.

Morgan, R. M., & Shelby, D. H. (1994). The Commitment-Trust Theory of Relationship Marketing. *Journal of Marketing, 58*(3), 20-38.

Morley, D., & Robins, K. (1995). *Spaces of identity: Global media, electronic landscapes and cultural boundaries*. New York: Routledge.

Myers, J. T., & Puchala, D. J. (1994). "Greater China: Some American Reflections. *Asian Affairs: An American Review, 21*(1), 3-13.

Parker, B., & McEvoy, G. M. (1993). Initial examination of a model of intercultural adjustment. *International Journal of Intercultural Relations, 17*, 335-380.

Patton, M. Q. (2005). *Qualitative research*: Wiley Online Library.

Peng, K., Nisbett, R. E., & Wong, N. Y. C. (1997). Validity problems comparing values across cultures and possible solutions. *Psychological Methods, 2*(4), 329-344.

Pye, L. W. (1990). China: Erratic State, Frustrated Society. *Foreign Affairs, 69*(4), 56-74.

Schwartz, B. (1991). Social Change and Collective Memory: The Democratization of George Washington. *American Sociological Review, 56*(2), 221-236.

Scott, F. D. (2012). *The American experience of Swedish students: Retrospect and aftermath*. LLC: Literary Licensing

Searle, W., & Ward, C. (1990). The prediction of sychological and sociocultural adjustment during cross-cultural transitions. *International Journal of Intercultural Relations, 14*, 449-464.

Sewell, W., & Davidson, O. (1961). Scandinavian students' images of the United States. *Annals of the American Academy of Political and Social Science, 295*(126-135).

Shih, C.-y. (1999). Human rights as identities: Difference and discrimination in Taiwan's China Policy. In P. V. Ness (Ed.), *Debating human rights: Critical essays from the United States and Asia* (pp. 144-165). London and New York: Routledge.

Shih, S.-M. (2003). Globalisation and the (in)significance of Taiwan. *Postcolonial Studies, 6*(2), 143-153.

Siu, H. F. (1993). Cultural Identity and the Politics of Difference in South China. *Daedalus, 122*(2), 19-43.

Siu, L. C. (2001). Diasporic cultural citizenship: Chineseness and belonging in Central America. *Social Text, 19*(4), 7-28.

Slater, S. F., & Narver, J. C. (1994). Does Competitive Environment Moderate the Market Orientation-Performance Relationship? *Journal of Marketing, 58*(1), 46-55.

Suryadinata, L. (1997). Ethnic Chinese in Southeast Asia: Overseas Chinese, Chinese Overseas or Southeast Asians? *Ethnic Chinese as Southeast Asians, 1.*

Takahashi, C., Yamagishi, T., Liu, J. H., Wang, F., Lin, Y., & Yu, S. (2008). The intercultural trust paradigm: Studying joint cultural interaction and social exchange in real time over the Internet. *International Journal of Intercultural Relations, 32*(3), 215-228.

Takeshi, H. (1989). Tribute and emigration: Japan and the Chinese administration of foreign affairs. *Senri Ethnological Studies, 25*, 69-86.

Tanaka, T., Takai, J., Kohyama, T., & Fujihara, T. (1994). Adjustment patterns of international students in Japan. *International Journal of Intercultural Relations, 18*, 55-75.

Tsu, J. (2005). *Failure, Nationalism, and Literature: the making of modern Chinese identity, 1895-1937*: Stanford University Press.

Tu, W.-m. (1991). Cultural China: The Periphery as the Center. *Daedalus, 120*(2), 1-32.

Wallner, F. (1997). 建構實在論 (王榮麟 & 王超群 , Trans.). 臺北市：五南 .

Wang, G. W. (1995). Greater China and the Chinese overseas. In D. Shambaugh (Ed.), *Greater China: The next superpower*. New York: Oxford University Press.

Ward, C., Okura, Y., Kennedy, A., & Kojima, T. (1998). The U-Curve on trial: a longitudinal study of psychological and sociocultural adjustment during Cross-Cultural transition. *International Journal of Intercultural Relations, 22*(3), 227-291.

Weidenbaum, M. (1993). Greater China: A New Economic Colossus? *The Washington Quarterly, 16*(4), 71-83.

Weldon, M. S., & Bellinger, K. D. (1997). Collective memory: Collaborative and individual processes in remembering. *Journal of Experimental Psychology: Learning, Memory, and Cognition, 23*(5), 1160-1175.

Wittgenstein, L. (1945). *Philosophical investigations* (G.E.M.Anscombe, Trans. Second ed.). Oxford: Blackwell Publishers.

Wu, D. Y.-h. (1991). The Construction of Chinese and Non-Chinese Identities. *Daedalus, 120*(2), 159-179.

Zheng, X., & Berry, J. W. (1991). Psychological Adaptation of Chinese Sojourners in Canada. *International Journal of Psychology, 26*(4), 435-470.

附錄一

談中色變：陸生政策在立法院

　　1987 年 7 月 15 日，蔣經國宣佈戒嚴令，宣佈解除長達 38 年的戒嚴令，並在次日由行政院長俞國華宣佈，配合國民自由入出境需要解除赴港澳地區觀光申請之限制；臺灣與中國大陸隔絕將近 40 年，許多在大陸有親人的臺灣民眾早已想方設法與大陸親人保持聯絡，甚至前往探親，直到 1987 年 10 月隨著戒嚴令的頒佈，國民黨中常會通過臺灣居民赴大陸探親基本原則，表示「基於傳統倫理及人道立場的考慮，允許國民赴大陸探親」，並交由紅十字會受理探親申請。

　　雖然當時因時局與民眾呼聲開放探親政策，但是並沒有改變臺灣政府對陸採取的三不政策，即不接觸、不談判、不妥協，依舊拒絕兩岸通郵、通商、通航。然而，這一時期的臺灣政府並沒有限制國民自由入出境到大陸以外的地區或國家，加之大陸政府一直以開放的態度鼓勵臺灣居民返陸探親、旅行，臺灣民眾不論在大陸有無親戚，藉由港澳或第三國轉入中國大陸，陸陸續續開始了赴陸旅行，難以阻擋。對於這一狀況，臺灣當局的態度一度不明朗，依照當時頒佈實施的《國家安全法》及其施行細則規

定，擅自前往「淪陷區」的國民，主管機關應限制其入出境，然
而政府對於是否動用此一法條開罰一直保持模糊的姿態。例如，
1987 年九月，臺灣《自立晚報》的兩名記者過境日本轉機赴中國
大陸採訪 13 天，行政院新聞局迫於此事的輿論壓力對《自立晚
報》開罰，限制該報人員兩年內不得申請出境，同時將該報的兩
名記者及負責人以「偽造文書罪」偵辦，但是臺北法院於隔年 3
月判當事人無罪，亦未見新聞局再上訴。

　　八十年代時值中國大陸改革開放，沿海紛紛成立經濟特區或
貿易開發區，藉著大陸各地招商引資的優惠政策、廉價勞工、龐
大的市場需求等優勢的吸引，臺灣商人也開始通過港澳或第三國
作為貨運貿易的中轉站，陸續通過各種方式在陸設廠或經商。

　　為了因應越發頻繁的兩岸民間交流往來，行政院在 1990 年
11 月 20 日把規範兩岸事宜的法規《台灣地區與大陸地區人民關
係條例》草案第一次送進立法院進行審議，並於隔年 9 月 18 日修
正公佈實施，因許多台商子女在大陸地區就讀之學歷回台後面臨
不被採認的問題，並且隨著交流的開始後，許多的大陸籍配偶到
台灣地區定居，其學歷也面臨不被採納的狀況，另外部份遭受大
陸政府迫害逃亡到台灣的「反共義士」也有同樣的困擾，因此在
兩岸關係條例的第二十二條條文明確規定「臺灣地區人民與經許
可在臺灣地區定居之大陸地區人民，在大陸地區接受教育之學歷
檢覈及採認辦法，由教育部擬訂，報請行政院核定後發布之」。

開啟「大陸地區學歷檢覈及採認」之路

教育部於次年依照法令開始著手訂立「大陸地區學歷檢覈及採認辦法」工作，然而兩岸隔絕已久，台灣對於大陸地區學校制度、學術評鑒以及學校情形都存在很多不瞭解地方，加之大陸發生八九天安門事件後加強在高等院校的政治思想教育，嚴重影響到台灣民眾對於大陸學歷採認的憂心與害怕，尤其是擔心大陸共產黨的專制獨裁教育以及統戰思想。因此，在初始階段，大陸學歷的採認事宜主要集中在對大陸高等學校的基本調查和研究中。

1995 年時任總統的李登輝獲邀以校友身份出席其母校美國康奈爾大學發表公開演講，大陸政府對其言辭頗有不滿，認為其在字裡行間宣揚的是台獨言論，并宣佈解放軍二炮部隊將在距離基隆港約 56 公里的彭佳嶼海域附近進行導彈演習，次年 3 月大陸政府為了左右台灣第一次總統直接選舉，再次宣佈將在福建永安和南平導彈部隊基地進行「聯合九六」導彈射擊演習，其中有數發導彈的落點定在基隆和高雄外海，期間將穿過台灣海峽，導致兩岸關係進入劍拔弩張的態勢，採認大陸地區學歷的事宜暫緩。

1996 年，受李登輝之邀，吳京出任教育部部長一職，他不僅在台灣教育領域進行大刀闊斧的改革，並且以其充足的行動力積極推動學歷採認事宜，他先後指派政府官員與學者專家前往大陸重點大學進行考察，並獲得時任副總統兼行政院院長連戰的同意，擬承認大陸地區學歷，並開放大陸地區學生及留學生來台研習研究所課程。教育部根據調研成果於次年將研議完成的檢覈

及採認辦法報請行政院核備，行政院轉給陸委會第七十八次委員會議審議通過，行政院則於十月十四日准予修正核定，教育部在十月二十二日正式宣佈這項辦法以及所採認的大陸七十三所大學院校名單（詳見附件）。然而辦法及認可名冊公告之後受到了輿論的極大關注，時任國名黨文公會主任的蔡璧煌召開記者會強烈反對，並有陳永興等四十餘位朝野立法委員提案，要求行政院暫緩實施，認為其間的決策過於草率，台灣赴大陸求學的學生可能會被中共「統戰」，陳立委甚至希望經正式提案修改兩岸關係條例，完全刪除採認大陸地區學歷之依據。[1]面對社會各界的聲音，陸委會隨即指稱他們認為二十九所才是適當的採認範圍，企圖減緩社會輿論的爭議並推卸責任，吳京指出採認學歷並非是數字問題，縱使最終教育部強行挑選出二十九所一樣會遭到反對，他也因此該事件黯然下臺，雖然開放採認大陸學歷政策可能並非是導致其下臺的主要原因，但是確實一個眾矢之的「靶子」[2]。行政院在1997 年 11 月 13 日第 2553 次院會對此做出了最終的表態，「大陸地區學歷採認不僅是教育層面問題，而是應從整體大陸地區政策來看，希教育部審慎研議後續作業要點，送請陸委會委員會議充分討論獲致結論後再提報院會」。監察院也於 1998 年 3 月 20 日（87）院臺教字第 872400094 號函行政院「有關本部於三通之前公佈採認大陸學歷資格，其決議過程是否有當，應予查究，經該院調查結果予以糾正」一文中指出「宜重視國家安全問題，未來

---

[1]　杜正勝，2008，政治人學國研中心第四所，《大陸學歷採認與大陸生來台就學之政策研究》，2009 年台灣政治學會學術研討會。

[2]　吳京口述，楊蕙菁撰寫，《吳京教改心》，臺北：天下文化，1999.

教育部於研訂後續之相關作業要點時，尤需更加審慎，並配合整體大陸政策」。

其後接任教育部長的林清江指示暫緩，由於兩岸關係一直處於不穩定狀態，2005 年大陸政府通過並公佈專門針對台灣問題的《反分裂國家法》，兩岸關係再度緊張；同年大陸政府宣佈對在陸就學之台灣學生享有同等本地生之收費政策，教育部為了避免台灣民眾對大陸地區學歷採認及陸方積極招生造成混淆在 8 月 25 日發佈新聞稿陳明，大陸此一政策與教育部目前對於大陸地區高等學校學歷採認事宜帶有強烈政治意圖，不應隨之起舞，呼籲家長與學生必須認清大陸政府的真正目的，不要輕易嘗試到大陸就學。在陳水扁擔任總統期間宣示不予採認大陸地區學歷，在參加青年國是會議上公開表示其任內不會開放採認大陸地區高等學校學歷。[3] 因此在其後十年間大陸地區學歷政策一直無太多進展。

有趣的插曲

2006 年 5 月 9 日，臺北高等行政法院判歷時三年的大陸學歷採認訴訟案的大陸新娘鄭旭智勝訴，教育部敗訴。鄭旭智因與臺灣先生結婚於 2004 年獲得在台定居許可，同年 9 月她向臺灣教育部申請採認她的吉林工業大學的學歷，但是教育部以「現階段大陸地區高等學歷尚未開放採認，也未受理報備」拒絕她的請求，她決定力爭到底，和教育部打行政關係。由於案件涉及兩岸

---

[3]　翁翠萍，2005.9.4，中央社，陳水扁：任內絕不承認中國大陸學歷，大紀元。

關係以及之前被輿論炮轟致使教育部擱置的大陸學歷採認事宜，教育部對此擔心如果敗訴將開先河影響未來政策的執行，因此一再對外強調開放採認大陸學歷是政策問題，關涉國家高等教育人力的永續發展及配置，應考量各部門整體的大陸政策以及兩岸敏感問題，不宜由教育部自行決定。法院在受理其案過程也不敢掉以輕心，認為法治國家不應讓政策隨便凌駕於法律之上，教育部不應該以意識形態掛帥，考量到教育部依兩岸條例訂立了大陸相關學歷的檢覈及採認辦法，也有在 97 年公告七十三所大陸高等學校的認可名冊，雖然這些被擱置，但卻並沒有被否決，依據這些法令，在台居住的大陸配偶有權請求教育部審查及認可其大陸學歷，因此判教育部敗訴。[4] 教育部對此仍堅持一貫立場，表示已經廢止認可名冊，需配合政府政策，不採認大陸學歷。國民黨黨團對執政黨這一案件的回應不甘示弱，開始動員黨團力量提案修正兩岸關係條例推動開放大陸學歷的認證事宜。[5]

立法院裡的「七嘴八舌」

2008 年政黨輪替，馬英九在競選總統時就提出十二項具體教育政策主張，其中之一便是擴招境外學生促進國際交流，並在其教育政策白皮書中提及：「將藉由擴大兩岸學術及教育交流，展布新局，凝聚共識，為將來推動大陸學歷採認政策奠基」，[6] 兩岸關係

---

[4]　丁文玲，2006.5.8，認可大陸學歷 陸女贏教部，聯合報
[5]　曾美惠，2006.5.10，立報，教部鐵了心就是不認大陸學歷
[6]　公共政策與法律研究中心 101 年度研究計畫案期末報告，計畫名稱：陸生來台政策之評

趨於緩和，教育部一拋以前消極的拖延姿態積極地重新開始規劃開放大陸地區學歷採認及招收陸生修法事宜。雖然之前歷任教育部部長期間都有進行對大陸大學進行調研活動與資料收集，但是往往會借名於時代背景的不同而不予採納。教育部在 2006 年 5 月 8 日就以台高（二）字第 0950067866 號重申原 1997 年 10 月 24 日台（86）高（二）字第 86126218 號公告之大陸地區高等學校認可學校名冊不再適用。考慮到兩岸關係條例是唯一規範兩岸交流往來可以依憑的法規，而陸生入學又關涉現存的學校法規，鄭瑞城走馬上任之後籌組專案小組規劃，研擬修訂兩岸條例第 22 條、大學法及專科學校法修正條文案派，以明定招收大陸學生來台的法源；由於之前訂立的採認大陸學校學歷不再使用，加之採認學歷事宜事關民眾切身利益，教育部派專員重新進行訪查工作，在各地舉辦公聽會、說明會進行討論，以及發佈新聞稿說明政策規劃方向，藉此不斷向民眾吹風宣導。

從 2008 年開始，教育部牽頭制定的開放陸生來台政策與採認大陸學歷政策方案同一被送入立法院進行審議，立法委員對政策的態度幾乎呈現藍綠兩黨對立，雖然國民黨立委強調謹慎推行，但是民進黨立委則多以質疑的態度反對。以馬英九為首的政府加足了馬力要衝出重圍開放陸生來台以及採認大陸學歷，雙管齊下，藍營分別在立法院教育委員會、內政委員會安排審查兩岸條例、大學法、專科學校法等修正草案；面對藍營兩路進攻，綠營也發出甲級動員備戰，全力阻擋修法，朝野衝突勢在難免。[7]

估，主持人：吳秀玲，協同主持人：王智盛，研究助理：蔡健智、任柏融，2013.2.28
[7] 施曉光，2009 年 5 月 3 日，陸生來台修法，藍綠明攻防，自由時報，A4 版。

在立法院第七屆第二會期教育及文化委員會上，時任教育部長的鄭瑞城對於推動政策的通過疲於奔命，連續缺席立法院教育委員會會議，致使綠營在會議之初就直呼「倘若今天再包庇，允許教育部長不來報告，教委會真的可以關門了！倘若教育部部長不來針對這部份作回答，未來此門一開，『六不三限』根本就是空殼子與假像！」[8]

在鄭瑞城擔任教育部長期間，陸生來台及採認大陸學歷政策的審議都是立法院教委會的重頭大戲，在近一年的時間內雖然來來回回已經開會商議質詢數次，但是從立法院公報的會議記錄資料來看，反反復復都在討論一些相同的問題。

鄭瑞城在立法院教委會上報告指出，開放陸生來台就學及大陸學歷採認政策的理由最主要是為了解決現實的問題，即台灣已經有六、七千位學生在大陸求學，而也有近25萬名大陸配偶在台灣生活，學歷採認部份涉及到他們的就業及學歷等相關問題；其次是希望借此開放政策促進兩岸教育學術交流，增進兩岸青年的互動與瞭解，是一種良性的學習。

對此，立委對大陸學歷部份的採認提出了質疑，其中有兩種擔心，一種是關係教育品質問題，對於大陸學歷的可信度有嚴重的懷疑，擔心一旦採認大陸學歷之後，很多台灣學生會因此會選擇大陸學校就讀以求取學歷再回台工作，使之能力與學歷不能掛鉤，林淑芬委員更是喊出：「大陸學歷採認之後，等於變相鼓勵台灣學生到中國唸書。」

---

[8]　立法院公報 第 98 卷 第 4 期 委員會記錄，223.

　　涂委員醒哲：大陸學制很混亂，在這種情形下，怎麼保證品質？我認為不能只因為馬英九要跟中國交好，就這樣亂搞。再這樣搞下去，教育部會非常混亂。雖然考試不能成就一個人，但是可以保證將會出現很多補習班，說不定我們的同事就會去開補習班。只是為了通過考試，這樣做有意義嗎？其次，中國有很多學歷亂七八糟，聽說有 50 萬人拿假學歷。偽造集團甚至在幾天之內，就可以把假學歷作好。部長有聽說過嗎？

　　涂委員醒哲：教育部難道沒有看到這個問題嗎？一旦教育部承認大陸學歷，可能有很多在台灣考不上的學生被父母送到大陸唸書，學費又便宜，而且坦白講，又有一點浮濫。但是他是台灣人，回來之後教育部又承認他的大陸學歷。請問部長，到時候你怎麼辦？

　　涂委員醒哲：以前只有開放高中以下的部分，現在變成大學也要開放，他們有那麼好嗎？如果真的那麼突出，也不必透過這樣的方式。再這樣下去，會有越來越多台灣人到中國讀書，拿到學位回台灣之後，便要求以大陸學歷參加考試。

　　涂醒哲在立法院的發言代表了台灣社會中一部份人的思維方式，選擇赴陸求學對於很多台灣學生而言並非是最佳的選擇，這其中一個難怪就在於要克服輿論給予的壓力，台灣社會中的一些人因為大陸學歷參差不齊的現狀而選擇一概不信任，因此也一概否定了選擇赴陸求學的學生的能力，認為他們到對岸求學是沒有能力考取台灣的大學的補救之策。曾任教育部長的吳京也曾經慨歎，「大陸一千零三十二所大學院校中，我們只承認七十三所學校，占他們大學總數的是四分之一，這個比例若換做大陸承認台

灣大學校數的比率，台灣可能只有三、四所學校被承認，台灣的大學能服氣嗎？」對於很多台灣人而言，採認大陸學歷本身就是很難平衡的一件事情，它不僅僅是關係到赴陸臺生的利益，更是關係到在台灣社會內原有的利益。

有許多台商子弟在大陸求學，更有許多認為台灣的大學科系程度不夠，或是希望提早到中國提早適應融入當地社會，若是不能承認大陸學歷，這對於單純求學的人民來說是極為不公平的，但是承認它們學歷又公平嗎？過去有些在台灣聯考失意的學生，跑到大陸去考「港澳臺聯招」進入一流名校；甚至在台灣連公立高中都考不上的學生也可以進入北大、清大等一流名校，殊不知當初大陸為了吸引台灣學生過去，甚至是降低標準，以達到宣傳效果。為了招收這些學生，中國甚至還有一種「預科班」，可以讓在港澳臺聯招中失利的學生先就讀一年名校（只要付得起學費），之後再考一次試，若是通過直接就成為本科生，繼續攻讀學生。而在這樣的體制之下的高教真的品質不會產生黑心醫生嗎？台灣用人常常只看學歷不靠能力，採認大陸學歷後，結果台灣學生都跑去中國念醫學院，一年就多出幾千個醫生。如果又開放大陸學歷，台灣以後醫療品質還能像今日這樣維持高水準嗎？政府應通盤討論配套，若沒想清楚就開放，會產生嚴重後果。（黃委員昭順）

除此之外，立委們也擔憂不論是台灣學生還是在台定居的陸配所接受的大陸教育的性質，似乎把大陸大學教育與中共的統戰想像為一體之物，擔心接受如此性質的教育的人經過考試走上台灣社會的崗位所帶來的影響。

　　陳委員亭妃：中國和平統一的架構，這點也請部長千萬謹記在心。台灣與中國之間的學術交流，不應該從國際化、全球化的概念來闡述，因為我們兩地同文同種，並無語言和文字的天然屏障，亦即沒有天塹。中國和平統一的架構中，很重要的一點就是要從經濟和社會來圍堵政治，如果教育政策這麼快就跳入兩岸之間的相互依賴關係，很快地，教育也會成為中國和平統一架構中的一環。台商到中國發展十餘年，形成一股催促台灣和中國經濟依賴的力量，那股力量非常強大，以致於現在馬英九必須對經濟作更緊密的安排，讓台灣在經濟上對中國全面依賴。在和平統一的架構中，台商使台灣跟中國經濟高度依賴，形成更緊密的經濟關係，而台生將成為下一波的台商，形成台灣與中國的文化更緊密關係，這將是一種思想的更緊密安排。請問教育部未來如何避免台生成為像台商那樣的族群，促使台灣與中國思想更緊密安排、文化更緊密關係，並成為其中的一環？

　　管委員碧玲：部長，這叫做管進不管出。教育部管理中國學生來台 1 年限定 1,000 人，並給他們「三限」和「六不」，這叫「管進」，可是你們不管出，也就是不管台灣學生到中國大陸去念書，這才是我們最大的疑慮。所謂「台灣子弟，中國教育」，請問部長，你擔不擔心？是你引流了一條高速公路，讓台灣學生到中國大陸讀書而後再回來考試，這才是承認中國學歷最嚴重的地方。讓台灣子弟變成中國教育，等他們回到台灣，請問你到底要如何避免他們去報考公職、教職與專業證照？到目前為止，你們都沒有提出任何配套措施。

　　人是自由的，身為教育部長的鄭瑞城面對立委開炮般的連續

質詢，在如何限制台灣學生不要到大陸求學問題上很難滿足立委的要求給出十足的保證，只能以「這部分我們會注意」、「我們不會支持」予以回應；採認大陸學歷雖然是教育部在擬定的策略，但是因學歷關係到未來就業議題，因此它又是一個多部門需要共同合作的整體事件，對於是否可以持大陸學歷報考公職部門，鄭瑞城更是難以招架，「這應該是考選部的事。不過，據我瞭解，雖然是中華民國國民，即便將來我們承認大陸學歷，他還是要經過考試，不管他是持美國或大陸的學歷」。關於對於大陸學歷水準的不信任，雖然鄭瑞城一再搬出教育部制定的「限量採認」的政策，並一再保證教育部會有專門的審核小組進行嚴格把關，只對評鑒合格的學校學歷進行採認，但似乎也未能消除立委們對此的疑慮。

在台灣社會的一個奇怪現象是言論生怕被扣上「統戰」的帽子，政府機關的人員在公眾場合的言論更是需要提防謹慎，似乎一旦被扣上「統戰」的帽子，就如同侵犯他人人權一樣嚴重，在立法院的院會中更為凸顯，在陸生與大陸學歷的事情上，民進黨黨團則伺機使用這一招數，屢試不爽，管碧玲委員在立法院中質詢教育部部長如何進行有效的學歷採認工作，鄭瑞城一不小心以「比照香港經驗」搪塞之，直接被管碧玲嗆言：「本席認為一定要審慎，因為我們與中國同文同種，所以千萬不能自比於香港，那樣就是和平統一的架構！你為什麼要口口聲聲說香港經驗呢？」鄭瑞城只能急急忙忙地用「沒有、沒有」回應。

林委員淑芬：不要一廂情願，掩耳盜鈴，現在中國可以告我們不承認他們，講明白點，我們的政府是在自欺欺人。這裡有兩

個條件，第一個是除非台灣和中國有特殊的單邊協定，可是兩岸人民關係條例是這樣的協定嗎？這只是一廂情願的立法而已。第二個條件是，我們和中國不是國與國的關係，自然就不在這個架構裡面。教育部說不會開放中國人來台考證照，這是拿著兩岸人民關係條例一廂情願，那是騙人的，要不然就是台灣和中國不是國與國的關係。

在台灣除了本國學生，還有僑生、外籍生分類，陸生是專門給中國大陸來臺學生的特殊統稱，「陸生」這一標籤從字義上而言，凸出的是「陸」的成份，這是台灣社會最為關注的點，它沒有「僑」來得親，更沒有「外」來得洋，它本身就是一個特殊的產物。因此洪秀柱委員也坦承，在處理陸生的政策上，無論如何，都有必要和其他國家的留學生不一樣，把它當成「敵國」，至少他們不是「本國」，因為台灣社會氛圍就是如此，陸生勢必要遭受一些比較不平等的待遇。

涂醒哲委員對此提出了建議，認為不必限量開放，陸生來台只要和美國、日本或英國學生來台唸書處理的程序一樣，不必特別顯得親中，故意讓陸生有特殊待遇。「美國學生到台灣唸書的身分是外國生、特種生，也是不加分，名額是外加的，與大陸學生一樣」，鄭瑞城更不忘提醒一句，「在兩岸人民關係條例裡面，大陸生不是外國人。」

江義雄委員也來插一腳，充分發揮了「己所不欲，施於人」的作風，他年輕的時候赴日留學，對在日本留學受到的禮遇很是痛恨，因為日本方要求台灣人留學需要有保證人，而且日本人還會常常提醒你什麼時候要回國，他深刻感受到在日本如被當成

小偷一般的對待，感覺日本人好像以亞洲的白人自居一樣高高在上，但是想到自己赴日是為了學有所成，因此忍氣吞聲；雖然他不看好保證人制度，甚至有些延誤，但是在對待陸生上，既然大家都疑慮重重，所以他建議部長可以效仿當年的日本採取保證人制度。

　　面對綠營一直以「統戰」為名杯葛台灣學生大陸受教和學歷採認的攻擊，藍營更是拿綠營黨團的事件努力反擊，藍營立委洪秀柱就在立法院直言：「葉宜津是民進黨在立法院黨團相當重要的負責人，也與陳水扁家庭非常好，而且是重量級的親密朋友。她的先生到大陸去念復旦大學的 EMBA，可是她卻批評我們的學生去大陸念書，若承認大陸學歷就是通敵，會被洗腦。如果我們的學生到大陸去會被洗腦的話，那我們其實更應該招收大陸學生來台，洗腦回去！以她的邏輯來看，她的先生到大陸去，應該也是被洗腦了，這是很危險的！因為她身為一個非常重要的黨團幹部負責人，先生被洗腦，她肯定也就被洗腦了，這是通敵的行為。這樣的邏輯根本是錯亂了，我們不知道她要如何解釋？但是她解釋得很好，她說她先生到大陸去念書，她去大陸被敵國招待，這叫做『知己知彼』，知己知彼才能夠百戰百勝，還舉例說要效法兩蔣，一個留日所以抗日，一個留俄所以反共。這不僅時空錯置，歷史事實也非如此。既然她說去大陸留學叫做『知己知彼』，我們是不是更應該鼓勵我們的學生去大陸唸書呢？因為這樣我們才能夠『知己知彼』，以便將來反攻大陸！對於這樣一個錯亂的想法，你身為教育部長，可不可以導正一下？到底哪個邏輯是對的？還是你也開始錯亂了？」

　　在立法院的質詢報告中，鄭瑞城詳細闡明了教育部在開放陸生來台就學及採認大陸學歷政策的「三限六不」原則。「三限」包括限校、限量、限領域，所謂的「限校」，是針對高等教育學歷採認部分，只會採認大陸優良的高等學校；至於「限量」，是指陸生來台的名額，會採取總額限量；然後是「限領域」，就台灣學生到大陸學習這部分來講，會限制醫事方面學歷的採認，所謂的醫事包括中醫、西醫、醫事檢驗、藥理及物理治療等等，暫時不會考慮採認這方面的學歷，就陸生來台就讀這部分，如果涉及到國安相關的領域，也會加以限制。至於政策推動另一個則是「六不」原則，第一是不會涉及到加分的問題，因為大陸生來台就學是以申請的方式，所以不會涉及考試加分的問題；第二是不會影響本地學生的權益，也就是不會影響我們的招生名額，因為大陸生來台的名額是外加的，所以每一年我們台灣總的招生名額不會受到影響；第三是教育部不會編列預算，提供大陸學生獎助學金；第四是不允許大陸學生在台灣就學期間在校外打工；第五是不會有考證照的問題，證照考試相關事宜原屬考選部管轄，但我們與考選部已取得共識；第六是不會有就業的問題，也就是不會有考選公務員的問題。

　　教育部特別為開放陸生來台就學研議出「三限六不」的原則，這與其他非台灣學生身份的僑生和外籍生多了更多的限制，除了肯定陸生有機會選擇台灣學校攻讀學位之外，幾乎限制了陸生來台的其他可能性，尤其是工作以及獲得政府資金的可能性。部份立委對此諸多限制提出質疑，如此多的限制到底是為了防止陸生來臺求學呢，還是真的想要開門歡迎陸生來台呢？陸委會劉

德勳副主任在報告中也提到，希望借開放陸生來台加強兩岸的交流以提升台灣學生的競爭力，可是如此的政策如何能夠吸引到優秀的陸生來台，形如開門歡迎實則拒人千里，又如何提及藉此提升台灣學生的競爭力？

黃委員志雄：相信教育部也設法做了許多把關的工作。但令人憂心的是，雖然兩岸交流的情況有越來越多的趨勢，但原本期待開放陸客來台觀光，每天能有 3,000 人，現在的成效似乎不如預期。同樣地，本席也很憂心未來就算開放陸生來台，但在誘因不夠的情況下，成效又會如何？第一是我們的學費高，第二是我們高等教育的品質並非對岸學子的首選，第三是台灣人民對大陸來台的學生是否抱持友善的態度？這些都是影響政策成功與否的重要關鍵。包括部長方才提到的「三不」其中之一是不能在校外打工，這對他們而言，實在不盡公平。

面對洪秀柱委員的直接質詢：「此外，如果台灣開放大陸學生來台就讀，您認為哪一類型的學生會來？真正頂尖的學生會不會來？」鄭瑞城只能無奈地回答「我們當然希望，但可能性並不大」。

當然綠營立委在藍營立委這這番擔憂之下進行更進一步的發想，承認這個政策具有諸多限制，但是並不想企圖修改此一原則，而是更加堅信陸生依舊會爭先恐後地獲取來台機會，因為大陸政府用心叵測，志在統戰。

管委員碧玲：針對這 1,000 人的名額，現在還出現一個問題，因為全中國有幾億人口，而我們只開放 1,000 名可以來台。我們當民意代表的人都知道，這樣屆時在核可作業上鐵定會產生特權。而這樣的特權可能會衍生出幾種可怕的問題，第一，大陸派

高幹的助理來此廣結人脈；第二，成為統戰份子的先修班，他們可以讓統戰部門的幹部先到台灣就讀大學、研究所，進而發展人脈，因為 1 年只有 1,000 個名額，這種機會當然就變得很寶貴。或許對一般人沒有吸引力，可是對統戰份子、高幹助理鐵定具有吸引力。這次陳雲林來台，宋楚瑜不是說，他的人脈廣得像一座山。在這裡人脈是很重要的，有人出面感謝他，有人請他吃飯，場面辦得這麼漂亮，他想做任何一件事，只要一通電話就能暢行無阻。

這一回合，鄭瑞城很可愛又些許無奈地回應：「我們倒是很希望如管委員所說，台灣對大陸學生有這麼大的吸引力。」

「統戰」與否都是一些對未來可能性以及大陸政府的猜想，也只能當做阻撓政策的暫緩之計，最讓立委們擔憂的還是開放陸生來台政策是否威脅或搶奪台灣學生資源。黃志雄委員指出，外界許多人質疑一旦開放公立大學可以招收陸生，而「5 年 500 億」計畫絕大部分的經費又是花在高等教育上，在台灣有將近七成的學生根本無法就讀公立大學的情況下，台灣學生的權益是否會受到損害？

陳委員亭妃：其實部長是不敢講。所有中國的學生都說，台灣的學費這麼貴，如果要到台灣讀書，一定得半工半讀，就算要打工打到死，但為了未來就業及他們的國民年平均所得著想，他們都覺得這是值得的，所以他們都很想拚拚看。現在部長說他們來台灣不能打工，假使未來真有非法打工的情況發生，一個好好的學生來到台灣，被安上一個罪名回去，到時中國是不是又會給你們壓力？在中國的壓力之下，你們是不是又會退縮？

　　趙委員麗雲：陸生「俗又大碗」，廉價又肯吃苦，因此他們具有高度的職業競爭力。真正讓人害怕的是，如果民間企業連外勞都要，他們又怎麼會排斥這些同文同種、俗又大碗的人呢？陸生的能力還不錯，又肯吃苦耐勞，他們畢業之後就可能會有其他的管道，像在美國，畢業後就可以取得 H1 的簽證來實習等等。這些未來可能發生的問題，才是真正讓民眾害怕的原因，而這也不是沒有理由的，根據 8 月份所公佈的數據，30 歲以下的失業人口占總失業人口的 56%，其中三成擁有大學以上的學歷，大學以上學歷的失業率為 5.26%，其數字高於平均數不說，更是 30 年以來最高的。所以大家不是怕陸生考照，因為那很難，也不是怕陸生考公務員，因為那也很難；但是大家很怕陸生將來的工作機會，加重高學歷、高失業率的憂慮。同樣的，另一個現實是，外勞的工作也將被傾軋。這部分才是真正令民眾害怕的。但你們就是不懂他們的心，所以講了很多其他的；可是自己比較好吃懶做、比較選擇工作之類的話，他們又講不出口。這部分的配套如果沒有完成，將來會很麻煩。

　　林委員淑芬：教育是平等競爭的基礎，如果教育體制無法讓資源不均家庭的子弟獲得平均的資源，已經夠慘了，還繼續讓中國人、外國人來瓜分我們的資源。瓜分資源事小，後患才真是無窮。台灣學生和中國學生到美國有沒有非法打工的狀況？答案是肯定的。現在我們對中國人的管制是，來台觀光客必須團進團出，行動受到相當的限制。但是開放大陸學生來台唸書，卻可以完全自由行動。請問如何預防這些人不會非法打工？如何預防社會治安問題？如何預防他們假讀書真滲透？這些問題不是你一個

部長能夠解決的，那就算了吧！開放大陸學歷的採認是台灣教育的崩壞。專門職業及技術人員考試法第二十四條規定，只要持有教育部承認的學歷就可以報考，大陸人士無疑將來台搶台灣人的工作飯碗，這個歷史責任不是「鄭瑞城」三個字承擔得起的。

鄭瑞城一再端出早已呈現給各委員的「三限」、「六不」處理原則，承諾在真正開放陸生來台之前，一定會就對違規或緊急事故擬定出一個完整的配套措施，切實地落實。陳亭妃委員直接頂撞：「『六不』是部長的烏紗帽就可以代表的？就算部長說，沒有這『六不』您就不當部長，有用嗎？門已經開了。門一旦開啟，台灣學生的權益在哪裡？」

立委們提到的很多問題帶有諸多對未來的假設，鄭瑞城很難也不可能給出一個百分之百的擔保。仔細審查立委們在政策討論部份的問題，關切的點都不在於當下教育部所研議出來的政策的可行性與否，而是早已在每個陣營的心中都已經有了基本的決定和底線，藍營就是要全力推動議案的通過，綠營則加足了火力要阻攔這一議案，因此可以發現不論是藍綠兩營如何地爭辯，爭辯的點都是對於開放陸生來台後的假象，而忘記了協商最基本的是否要開放陸生來台的事宜，然而這個基本事宜又是否有可協商的餘地呢？我想，藍綠兩營都不會彼此讓步，朝野兩黨幾乎不存在任何的互信。

林委員鴻池：所以這不僅是教育部的政策，還是行政院的政策，甚至還涉及馬總統競選政見是否落實的問題。既然如此，鄭部長身為內閣成員之一，是否應針對政策提出辯護？

陳委員亭妃：部長剛才提到「三限」、「六不」，有關這部分，請問部長能給我們多少保證？如果「三限」、「六不」到時候不像

部長所講的那樣，部長要怎麼辦？部長的烏紗帽或許不重要，但台灣很可能會因為部長而葬送掉，你不知道嗎？這件事從 81 年就開始研議，到現在 97 年，已經歷經 16 年，沒有一個政府敢倉促讓它通過，可是我們的馬英九政府居然在 9 月 23 日講了那句話之後，一切全都變了調，連部長原本說沒有這麼快的東西，也馬上在 10 月 29 日送到院會。這正是我們感到悲哀的地方。

　　立法院的各位立委應該心知肚明政策的通過知識時間問題，雖然在討論過程中立委常常會以開放陸生及採認大陸學歷政策「急就章」，但是鄭瑞城也很清楚，這無非跟當年吳京被指責採認學校數量的問題一樣，都是偽問題，提出這些意見的人真正的想法完全不在於時間問題上，因為這方面的研究和議案最早從 1959 年就開始研議，到吳京在任教育部長時可謂達到頂峰，時間上而言已經被擱置了很久，而在期間很多經費也都花在不斷重發地調查與研討，這方面的專案報告就至少十項以上。教育部雖然現在搬出了「三限六不」的條條框框，企圖以此來確保在開放陸生來台及採認大陸學歷的政策不會危及台灣國家安全、治安以及不影響台灣學生入學權益，但是回顧過去 10 年中拖延學歷認證政策的原因，包括：擔心台灣學生搶進大陸就讀，對私立大專院校衝擊太大，醫學等業界的顧慮，甚至是國家忠誠等問題，這些都不是「三限六不」原則所能夠全部給予保證的。

這是一場沒有硝煙的仗

　　是否同意陸生來台以及採認大陸學歷的法案反反復復在立法

院經受討論，吳清基在 2009 年 9 月接續鄭瑞城的教育部部長之位，更是著力要把法案帶入立法院通過，曾兩度引爆朝野立委在立法院嚴重肢體衝突，霸位、搶麥、招脖、搞嘴、推擠、拉臂、扯髮、掀桌、跳桌、丟報等各種手腕應有盡有，有的人掛彩甚至送醫，在第一次衝突中，藍綠兩營均損兵折將，趙麗雲堅持主持會議到最後宣佈「會議結束、散會」便已經抵受不住直接昏倒在地；第二次衝突則更為離譜，不僅一名議事人員送醫，民進黨立委邱議瑩直接被國民黨立委呂學樟推倒在地，國民黨 69 歲的立委徐少萍抱住 37 歲的民進黨籍立委林淑芬，讓林淑芬不斷大喊救命，趙麗雲還在鏡頭前痛哭失聲，哭喊「領人民的薪水是要開會不是打架」，隨後又從醫護室轉送台大醫院。[9]

　　開放陸生來台以及採認大陸學歷政策是在吳清基在任教育部部長之時最終敲定並落實的，但是在其接任之後所面臨的立法院的挑戰並沒有比鄭瑞城來得輕鬆，甚至有過之而無不及。吳清基基本上是延續先前的工作進一步完善，但是從他上任以來把法案送進立法院教委會進行討論的會議記錄來看，反反復復數次會議立法委員所爭議的焦點及策略較之於之前均沒有改變，具有被承認的大陸學歷的台灣人是否合適回台考取公職，尤其是醫療體制？是否要允許台灣學生到大陸唸書？大陸學生來台是否有接受任何補助搶奪台灣學生的教育資源，是否可以有工作的機會搶奪台灣人的就業機會？開放多少大陸學生來台？會有不會被中共統戰？陸生能否到公立學校唸書，是否會搶佔台灣學生就讀公立學

---

[9]　辛雯埠，2010 年 4 月 30 日，趙麗雲真是白昏了 ?! 毒家報報，今日新聞；掐搞推拉 20 分鐘肉搏 趙麗雲昏了 2010-04-22 ／聯合報／第 A3 版／焦點／記者楊湘鈞

校的機會？陸生來台是否真的可以挽救私校招生不足的原因？等等都是先前鄭瑞城第一次把教育部擬定的草案送進立法院的時候討論過的議題，一直持續到兩年後依舊沒有停息的跡象，立委們真的是有想過要坐下來好好地把這件事情談清楚嗎？我想是沒有的，彼此的立場不同不相為謀，更何談能夠坐下來談成一件事情呢？面對開放陸生來台以及採認大陸學歷，從 2008 年再度送入立法院開始，一邊是拼了老命也要讓其通過的陣營，一邊是堅決反對到底的陣營，討論中甚至慣用了喜歡給別人戴高帽的計量，雙方從頭到尾的討論多了很多的情緒，少了很多的冷靜，有時候讓報告的教育部部長都顯得百般無奈。

　　陳委員亭妃：每次本席要質詢吳部長時，我都不知道部長究竟是以什麼身分備詢？你的身分是中國的教育部長還是台灣的教育部長？

　　吳部長清基：你又來了！我是中華民國的教育部長！

　　陳委員亭妃：如果你住不下臺灣這塊土地，請你趕快到中國去住，我們絕對不會留你，因為我們的孩子們不能再被你這樣害下去！

　　吳部長清基：請你不要給我戴大帽子！請委員保持風度。

　　陳委員亭妃：最沒有風度的就是你部長！今天你竟然可以為了陸生來台而犧牲所有台生的權益！

　　吳部長清基：身為教育部長，當然以維護台灣學生權益為最優先，為增加台灣學生的競爭力，我們才開放陸生來台，希望……

　　陳委員亭妃：台灣學生有你這樣的教育部長真是丟臉啊！你根本沒有捍衛台灣學生的權益。

吳部長清基：事實上，「三限六不」的原則並不是我提出來的，但是我會捍衛這項原則。

陳委員亭妃：請部長不要再為中國的利益著想，猶記得部長曾說過一句話，就是：「中國是專制的。」今天你居然可以為這樣一個專制的政府背離台灣學生的權益，顯見你完全是在中國政府壓制之下來欺負台灣的學生，所以，我們在此鄭重要求「三限六不」的原則一定要入法。

吳部長清基：中國大陸的壓制如何，與我無關，我也沒有感受到。

談「中」色變

陸生政策的法案在立法院裡來來回回吵了近四年，看起來這四年裡的藍綠大戰雙方也都竭盡了全力，教育部輪換了兩任部長，綠營立委用盡了嘴腳之力百般阻撓，藍營立委護著教育部突破綠營攔阻，終於讓其在 2011 年開始正式開放陸生以及採認大陸學歷。然而，這一場表面上看起來是藍綠相爭的鬧劇，細細看來卻是藍綠同色，都是一群談「中」色變的傢伙。認真留意每一次立法院開會討論審議法案的過程中藍綠對於該法案的質詢與陳情內容，大家都可以發現一個奇妙的現象，綠營的立委雖然常常會用誇大的手法甚至是給人扣「統戰」高帽的手段說明陸生法案以及採認大陸學歷是犯了政治錯誤的事情，但是藍營的立委對此完全沒有給予正面的回應，由於受制於本身需護送該法案通過的使命，使得其在為法案辯爭的時候都會故意躲避綠營立委提出的那

些疑慮，這正是藍綠之間都不太敢觸碰的議題，而這些議題主要是兩個方面的主題，其一是台灣資源是否會被陸生搶佔的焦慮，其二是台灣社會是否會被中共教育統戰的恐懼。

　　雖然教育部推出了對於陸生政策的「三限六不」政策，以及採認大陸學歷的篩選機制，但是在四年的立法院討論中，立法委員一直都在質詢教育部部長，陸生是否會影響台灣本地學生的教育資源，教育部開出獨立招收名額來保證其不影響本地學生的入學資格，卻有立委認為這是一種變相保證陸生名額的做法，然而陸生又無法遵從本地學生的入學途徑進行招生，陸生本身的敏感性導致其招生方式既無法比照本地學生，也無法比照外籍學生，無論如何都會招致各種的質疑，其本質則在於這些立委們根本沒有開放陸生的立場。雖然教育部部長一再向立法委員保證，來台陸生絕不會享有政府資金補助，甚至也不可能在臺工作的事宜，以保證本地學生的工作以及學校權益，但是立委們一樣無法從中取得信心，質疑陸生鬼靈精怪一定可以想出很多變相的法門搶佔本地學生的資源，甚至有些立委更覺得應該斷絕陸生所有可能獲得的資助，包括禁止私人資助，在這一點上非常近似於江義雄所提到的二戰時期日本對於中籍留學生的待遇，對於陸生群體的這些質疑以及防範之策再多也無法給與這些立委們足夠的安全保證，除非直接禁止陸生來台，因為資源是否被侵犯並非重點，重點在於根本對陸生毫無信任可言。

　　其實，採認大陸學歷比陸生來台更讓立委們堪憂，陸生來台僅僅關涉到大陸學生一方，對於陸生來台的各種質詢都是來自於對於大陸的偏見以及不信任，但是採認大陸學歷則不同，它不僅

涉及了大陸學生，更是關係到那些持有大陸學歷的台灣群體，這一台灣群體是可憐的，可憐之處不在於其學歷本身，而在於其學歷背後的中共元素。立委們剛開始討論法案的時候只是在質詢大陸學歷的品質問題，但是隨著討論的深入，立委們內心的疑慮終於被訴說出來，有些立委們就直接質詢教育部部長，如果這群持有大陸學歷的台灣人回來台灣公職部門工作怎麼辦？話中的意思無非就是這群持有大陸學歷的台灣人就不該讓其有機會在公職部門工作，為什麼？因為這是一群接受對岸的中共教育的人。吳京在任部長的時候就指出一個很弔詭的現象，他只是採認大陸七十三所高校的學歷就遭受到如此的衝擊，說他採認數量過多要求其重新制定，似乎大陸的一流大學亦不及台灣的二三流大學，因此他直接坦言其中必不是數量問題，過多之詞無非是假借之名，實則在於中共這一讓立委們談來色變的元素。

雖然陸生來台以及採認大陸學歷看似如其他兩岸事件一般尋常，但是卻能夠從這些立法委員們的討論中一窺藍綠兩營的本質，在立法院裡看起來是對立的兩陣營，然實則無非是同一色之群體，藍營其表雖然比綠營刻意反中來得收斂，但是藍綠兩營在其背後對於大陸的情緒卻是相通的，即兩岸關係中的不信任所帶來的生存焦慮和安全恐懼。

附錄一　談中色變：陸生政策在立法院

附錄二

研究數據

「中國人內團體認定程度量表」預試：
問卷信度、效度與修訂

　　由於本研究中所使用到的量表由群體認同的量表擷取、改編而成，在中文研究資料中尚無相關研究能夠加以佐證，因此在正式的問卷調查之前，有必要先對量表進行信度分析。其中各量表的信度值以 Cronbach（1951）的內部一致性 α 係數法來求得。

　　信效度測試係通過 e-mail 寄信以滾雪球的方式發出 200 份問卷，預試對象分別為臺灣大學、中央民族大學、廣州中山大學碩士班學生，一共回收 147 份有效樣本，其中臺灣學生 56 份，陸生 61 份，未跨境到臺的大陸學生 40 份，年齡均值在 25 歲。

　　對樣本進行第一部份內團體認定程度項目分析以及因素分析，以檢驗其信、效度。項目分析部份，內部一致性達 0.756，平均分數在 3.31-4.16 之間，標準差在 1-1.31 之間，尚在可接受範圍內。題目間相關大多在 0.6 上下，唯 A4 偏低；題目與總分相關多在 0.9 上下，唯 A4 偏低；刪除 A4 後可以提升內部一致性。

表　題項間相關和題目與總分相關

題項	A1	A2	A3	A4
A1	—			
A2	0.602			
A3	0.642	0.879		
A4	0.095	0.044	0.044	
總分	0.905	0.900	0.911	0.300

表　「中國人」內團體認定量表刪題後 α 值（Cronbach's α=0.756）

題項	各題刪除後的 α 值
A1 我認為自己是中國人的一份子	0.755
A2 我認為臺灣人是自家人／我認為大陸人是自家人	0.715
A3 我認為臺灣人是外人／我認為大陸人是外人	0.16
A4 別人問我哪國人的時候，讓我覺得為難	0.836

　　因素分析部份，採用主成份分析（principal components analysis）計算因素負荷量，並以特徵值（eigenvalue）為 1 以上抽取因素數目。最後僅抽取出一因素，依據 Kaiser（1974）的觀點，KMO=0.675>0.60，達到基本的因素分析適切性要求，Bartlett 檢定 χ=292.188，p<0.01，達到顯著，代表母群的相關矩陣間有共同因素存在，適合進行因素分析。負荷量結果如表所示。可以發現，A4 在因素上的負荷量非常低。從表中題項可以看出，A4 題意與內外團體區分的困難度有關，不能夠直接反映內團體的認定程度，因此決定刪去此題。

表　「中國人」內團體認定量表題項因素負荷量值

題項	因素一
A1 我認為自己是中國人的一份子	0.820
A2 我認為臺灣人是自家人／我認為大陸人是自家人	0.927
A3 我認為臺灣人是外人／我認為大陸人是外人	0.941
A4 別人問我哪國人的時候，讓我覺得為難	0.112

第三章資料結果

表　不同學生群體在「中國人內團體認定」之描述統計量

變項	學生群體	個數	平均數	標準差
中國人	臺灣學生（A）	196	7.48	3.30
內團體認定	陸生（B）	199	12.95	2.25
	為跨境來臺大陸學生（C）	188	14.22	1.82

表　不同學生群體在「中國人」內團體認定之單因數變異數分析

變項		SS	df	MS	F	Post-hoc	ω^2	Observed Power (a)
中國人內團體認定	組間	4975.05	2	2487.52	384.07***	C>B>A	.57	100%
	組內	3756.47	580	6.48				
	總和	86098.00	583					

***p<.001　A：臺灣學生、B：陸生、C：未跨境來臺大陸學生

第五章資料結果

表　在「經濟中國」下不同學生群體與關係考量之二因數變異數分析

變異來源	SS	DF	MS	F	ω^2
學生群體	76.79	2	38.39	25.25***	.08
關係考量 b	89.73	1	89.73	63.55***	.09
學生群體 X　關係考量 b	360.51	2	180.25	127.65***	.31
組內	1700.88	1160			
區組	881.87	580	1.52		
殘差	819.01	580	1.41		
全體	2227.91	1165			

表　在「經濟中國」下不同學生群體與關係考量之單純主要效果考驗

變異來源	SS	DF	MS	F	事後比較
學生群體					
情感性考量	312.34	2	156.17	102.38***	中國學生 > 陸生； 中國學生 > 臺灣學生
利益性考量	124.96	2	62.48	44.40***	臺灣學生 > 陸生； 臺灣學生 > 中國學生
行為考量					
中國學生	364.09	1	364.09	254.14***	情感性考量 > 利益性考量
陸生	21.73	1	21.73	17.29***	情感性考量 > 利益性考量
臺灣學生	58.17	1	58.17	37.52***	利益性考量 > 情感性考量

表　在「政治中國」下不同學生群體與關係考量之二因數變異數分析

變異來源	SS	DF	MS	F	ω^2
學生群體	86.91	2	43.45	23.56***	.07
關係考量 b	512.67	1	512.67	378.77***	.39
學生群體 X　關係考量 b	698.17	2	349.08	257.91***	.47
組內	1854.99	1160			
區組	1069.95	580	1.84		
殘差	785.04	580	1.35		
全體	3152.74	1165			

表　在「政治中國」下不同學生群體與關係考量之單純主要效果考驗

變異來源	SS	DF	MS	F	事後比較
學生群體					
情感性考量	683.18	2	319.09	253.39***	中國學生 > 陸生 > 臺灣學生
利益性考量	146.91	2	73.45	37.88***	臺灣學生 > 陸生 > 中國學生
關係考量					
中國學生	764.08	1	764.08	721.95***	情感性考量 > 利益性考量
陸生	370.49	1	370.49	210.49***	情感性考量 > 利益性考量
臺灣學生	62.88	1	62.88	51.39***	利益性考量 > 情感性考量

表　在「文化中國」下不同學生群體與關係考量之二因數變異數分析

變異來源		SS	DF	MS	F	ω^2
學生群體		1.89	2	.94	.95	—
關係考量 b		1972.82	1	1972.82	1610.09***	.73
學生群體 X	關係考量 b	161.66	2	80.83	65.97***	.18
組內		1592.53	1160			
區組		881.87	580	1.52		
殘差		710.66	580	1.22		
全體		3728.90	1165			

表　在「文化中國」下不同學生群體與關係考量之單純主要效果考驗

變異來源	SS	DF	MS	F	事後比較
學生群體					
情感性考量	92.98	2	46.49	40.07***	中國學生 > 陸生 > 臺灣學生
利益性考量	70.58	2	35.29	33.53***	臺灣學生 > 陸生； 臺灣學生 > 中國學生
行為考量					
中國學生	1052.24	1	1052.24	1583.49***	情感性考量 > 利益性考量
陸生	824.95	1	824.95	727.39***	情感性考量 > 利益性考量
臺灣學生	245.15	1	245.15	132.11***	情感性考量 > 利益性考量

注：標示者為區組設計因數（相依因數），而以殘差列數值為誤差項。
　　*p<.05　　**p<.01　　***p<.001

Do觀點13　PF0145

臺灣不是我的家
──陸生在臺的認同衝擊

作　　者／胡俊鋒
責任編輯／鄭伊庭
圖文排版／楊家齊
封面設計／陳佩蓉

出版策劃／獨立作家
發 行 人／宋政坤
法律顧問／毛國樑　律師
製作發行／秀威資訊科技股份有限公司
　　　　　地址：114 台北市內湖區瑞光路76巷65號1樓
　　　　　電話：+886-2-2796-3638　傳真：+886-2-2796-1377
　　　　　服務信箱：service@showwe.com.tw
展售門市／國家書店【松江門市】
　　　　　地址：104 台北市中山區松江路209號1樓
　　　　　電話：+886-2-2518-0207　傳真：+886-2-2518-0778
網路訂購／秀威網路書店：https://store.showwe.tw
　　　　　國家網路書店：https://www.govbooks.com.tw

出版日期／2014年7月　BOD一版　定價／200元

|獨立|作家|
Independent Author

寫自己的故事，唱自己的歌

臺灣不是我的家：陸生在臺的認同衝擊 / 胡俊鋒著.
-- 一版. -- 臺北市：獨立作家, 2014.07
    面；　公分. -- (Do觀點；13)
BOD版
ISBN 978-986-5729-26-4 (平裝)

1. 留學生　2. 兩岸交流　3. 國族認同　4. 臺灣

529.2733   103013790

國家圖書館出版品預行編目

讀者回函卡

感謝您購買本書，為提升服務品質，請填妥以下資料，將讀者回函卡直接寄回或傳真本公司，收到您的寶貴意見後，我們會收藏記錄及檢討，謝謝！
如您需要了解本公司最新出版書目、購書優惠或企劃活動，歡迎您上網查詢或下載相關資料：http:// www.showwe.com.tw

您購買的書名：_____

出生日期：_____年_____月_____日

學歷：□高中 (含) 以下　　□大專　　□研究所 (含) 以上

職業：□製造業　□金融業　□資訊業　□軍警　□傳播業　□自由業
　　　□服務業　□公務員　□教職　　□學生　□家管　□其它_____

購書地點：□網路書店　□實體書店　□書展　□郵購　□贈閱　□其他

您從何得知本書的消息？

　　□網路書店　□實體書店　□網路搜尋　□電子報　□書訊　□雜誌

　　□傳播媒體　□親友推薦　□網站推薦　□部落格　□其他_____

您對本書的評價：（請填代號　1.非常滿意　2.滿意　3.尚可　4.再改進）

　　封面設計____　版面編排____　內容____　文／譯筆____　價格____

讀完書後您覺得：

　　□很有收穫　□有收穫　□收穫不多　□沒收穫

對我們的建議：_____

_____

_____

_____

11466
台北市內湖區瑞光路 76 巷 65 號 1 樓
獨立作家讀者服務部　　　收

....

（請沿線對折寄回，謝謝！）

姓　　名：_____　年齡：_____　性別：□女　□男

郵遞區號：□□□□□

地　　址：_____

聯絡電話：(日) _____ (夜) _____

E-mail：_____